5分でできる！

小学校国語

ミニ言語活動アイデア事典

二瓶 弘行［編著］
国語"夢"塾［著］

明治図書

はじめに

質の高い，短時間の言語活動のアイデアをたくさんもつことは，
小学校教師として，とても大きな武器になる

子どもたちは，毎日毎日，様々な教科・領域で学んでいます。

そんな中で，国語の授業が占める時間は一番大きい。どの学年でも，１日に１コマの国語授業があります。その時間を使い，読む力，書く力，話す力，聞く力などの「言葉の力」を獲得していきます。

授業づくりの基盤となるのは，数時間，時には十数時間に渡る「単元」です。例えば，物語「ごんぎつね」は十数分で読み通すことができます。読み通して，感想をまとめ，交流するだけなら，２時間で完結できます。けれども，実際は，この「ごんぎつね」を中心学習材に，10時間の単元を組みます。

では，１年間を通して，毎時間の国語授業はこのような単元学習のみの連続かというと，そうではありません。単元と単元の間の時間，または，それぞれの授業のスタート段階の時間，そんな短い時間を使って，たくさんの国語教室で，オリジナリティあふれる言語活動が展開されているのです。

また，国語授業は，学級担任である教師が担当することが普通でしょう。担任をしていると，日常の正規の授業時間以外に，朝活動や帰りの会などの５分，10分といった細切れの時間がたくさんあります。

そんな時間に継続的に言葉とかかわるミニ言語活動を組織している教室も多いことでしょう。

たった５分間という時間。テレビの前でぼーっとしていれば，あっという間に過ぎ去ってしまう，短い短い時間。

けれども，この５分間があれば，言葉そのものとかかわる，どれだけの言語活動が，多種多様に展開できることか。

それも，言葉の力を確かにはぐくむことのできる言語活動であり，何よりも，子どもたちが夢中になって取り組もうとする言語活動。そして，その成果が自己確認できる言語活動。

このような質の高い，短時間，例えば５分間の言語活動を展開できるアイデアをたくさんもっていることは，小学校教師として，とても大きな武器になることでしょう。

本書には，そんなアイデアを，実に67本も掲載しました。

そのジャンルも，漢字，音読，語彙，文法，辞書，インタビュー，スピーチ，話し合い，作文・日記，物語・説明文，ことわざ，短歌・俳句，ローマ字と，とても多彩です。

このアイデアを提案しているのは，「国語“夢”塾」のメンバーです。彼らは，日本全国各地の街で，日々の国語授業の実践をしながら，その成果を全国に発信し続けています。そして，定期的に集い，その実践を仲間と交流しながら，さらなる高みを目指して研鑽を積もうとしています。

この「国語“夢”塾」のメンバーが世に提案してきた実践書は，本書の刊行で５冊目となります。

『子どもがいきいき動き出す！　小学校国語　言語活動アイデア事典』
『どの子も鉛筆が止まらない！　小学校国語　書く活動アイデア事典』
『今日から使える！　小学校国語　授業づくりの技事典』
『すぐに使える！　小学校国語　授業のネタ大事典』
『５分でできる！　小学校国語　ミニ言語活動アイデア事典』

私たち教師の仕事はとても大変と言われます。

けれども，「未熟な人」である子どもたちに生きるための力をはぐくみ，少しでも「確かな人」となっていく手助けができるという，どんな仕事にもない，貴さと重さがあると信じています。それが私たちの選んだ仕事です。

日々悪戦苦闘しながら悩みつつ教師の仕事をされている先生方が，子どもたちに確かな「言葉の力」を育てるために，本書が少しでもヒントになれば幸いです。ご一緒に，明日もまた，がんばりましょう。

2018年２月

二瓶　弘行

Contents
もくじ

第2章 5分でできる！ミニ言語活動のアイデア67

漢字

音読

語彙

文法

辞書

作文・日記

物語・説明文

ことわざ

短歌・俳句

ローマ字

その他

第1章 たった5分。でも，言葉と本気でかかわる

筑波大学附属小学校　二瓶弘行

❶たった５分の短い時間。されど，貴重な言語活動の時間

今，私は，国語教師として，３年生・４年生・６年生の子どもたちと，毎日毎日，国語授業をしています。

ある日の国語授業。チャイムが鳴って教室に入る。彼らに指示します。

ノートの10マス目のところに，ページ全体に線を引きなさい。

これから，「ようい，ドン」の合図で，１マスに１字ずつ，漢字を書いていきます。知っている漢字を思いつくままにどんどん書いていきます。習っていない漢字もよしとします。「やめ」という合図までに，何字の漢字を書けるかに挑戦します。時間は，５分間です。

ルールは，たった１つ。「同じ漢字は，書かない」

どんな学年の子どもたちも，必ず燃えます。

やり方が単純明快で，だれもがやれそうだなと思えるからです。

５分間ピッタシで終了の合図。その瞬間，書き途中の漢字は認めます。新たに書いてはいけません。隣の席の子とノートを交換し，何字書けたかを確かめ，赤鉛筆で数字を書いてあげます。それが，自分の記録です。

２回目以降は，スタート前にその自己記録に相当するマス目に○をつけておき，自己新記録を目指して取り組むことになります。

さて，昨日の国語授業。たくさんの子が自己新記録を出し歓声を上げました。そして，世界新記録も出ました（世界中で，この「漢字５分戦」に取り組んでいるのは，私の国語教室だけでしょうから，「世界新記録」）。

●３年生…118字　●４年生…137字　●６年生…166字

「漢字５分戦」世界記録

わずか５分の間に，100字以上の漢字を鉛筆で書くこと。それも，同じ漢字を書かないように気をつけながら。相当の集中力が必要です。

この挑戦を繰り返して継続する中で，子どもたちは工夫を始めます。

どの子も，まず書くのは漢数字です。その後もアトランダムに思いつくままには書きません。漢字のグループ分けをし，仲間ごとのまとまりを意識して書きます。例えば，曜日名，教科名，体に関係する言葉，色の言葉など。そうしないと，次に書く漢字がすぐに思い浮かばず，鉛筆が止まります。止まってしまうと，記録は出せません。

❷言葉と本気でかかわる，多彩な言語活動を

もう１つ，漢字学習にかかわる「５分間の言語活動」を紹介しましょう。

２年生の学習漢字表を使い，「二字熟語づくり」に挑戦します。

この活動は，個人ではなく，ペアの２人でやります。方法は簡単です。

これから「ようい，ドン」の合図で，「２年生漢字表」の160字の漢字を自由に組み合わせて，二字熟語をつくります。「やめ」という合図までに，何組の二字熟語をつくれるかに挑戦します。時間は５分です。

ルールは，３つ。

①それぞれの漢字は一度しか使えない。読み方が異なっても使えない。

②人名はダメ。

③地名は都道府県レベル以上はよし（国名・東北などの地方名は可）。

一度使った漢字は，必ず，チェックしなければ，あとで必ず混乱します。２人で顔を寄せ合い，必死になって「ああでもない，こうでもない」と残った漢字を組み合わせようとする姿は，とっても素敵ですよ。

昨日の３年生の国語授業。最も多かったペアの記録，つまり「二字熟語５分戦」３年生世界記録は，23組でした。

実際の授業では，この後，さらに時間を与えて挑戦を続けます。昨日は，47組まで記録を伸ばしたペアがいました。全部で160字，数だけで言えば，80組の二字熟語が作成可能。さて，どこまで記録を伸ばせるか。

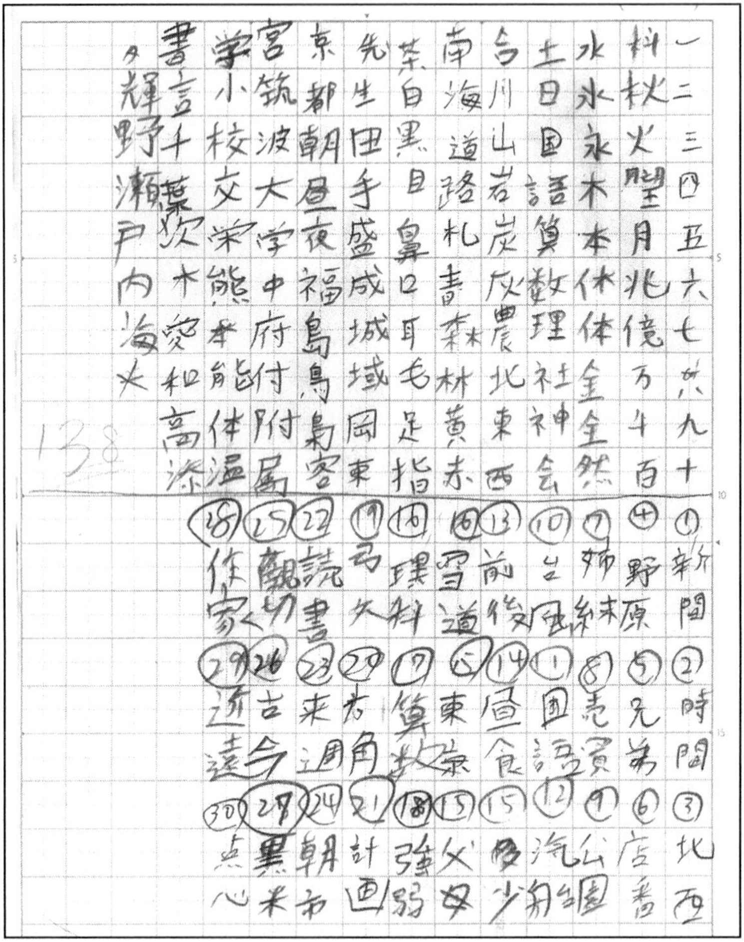

「漢字５分戦」（上段）と「二字熟語５分戦」（下段）の記録

たった５分。けれど，その時間で展開できる言語活動は実におもしろい。

第2章 5分でできる！ミニ言語活動のアイデア67

低 学年 中 学年 高 学年

チョーク de リレーをしよう！
—美文字選手権バージョン—

ねらい

ゲーム化して漢字を学習することを通して，正しい筆順や美しい字形への意識を高める。

活動の概要

黒板を座席の列の数だけ分割して筆記スペースをつくります。そして，座席の列ごとに１本のチョークを渡します。それをリレーのバトンのようにつないでいって，１人１画ずつ黒板にお題の漢字を書きます。

ルールは，「待っている人は話してはいけない」「漢字を書く人は書き直してはいけない」の２つです（私の学級では，ジェスチャーや拍手は OK としています）。

１回書いたら消せないので，たった１画を書くのにも子どもは真剣になります。たとえ前の人がちょっと字を歪ませてしまっても，次の人がうまくバランスをとると拍手が起こります。上手な子の書き方を見ることで，バランスのとり方や左はらいと右はらいの書き分けを直感的に理解することができます。また，筆順通りに書くと，結果的に美しく整った文字が書けることも実感できます。

勝敗は教師が決めてもよいし，子どもたちに投票させてもよいでしょう。

（吉羽　顕人）

ポイント！

●文字の美しさにこだわるべし！

チョークをバトンにして次の人にタッチ！

1画だけですが，どこから，どのように，どこまで書くか，真剣に考えます

低学年 中学年 高学年

チョーク de リレーをしよう！
―漢字博士選手権バージョン―

ねらい

ゲーム化して時間内にたくさんの漢字を書くことを通して，部首や画数への知識や理解を深める。

活動の概要

チョーク de リレーについては前項同様です。

漢字博士選手権のルールは，「待っている人は話してはいけない」「チョークを持っていない人は立ってはいけない」の２つです。

まず，お題を決めます。例えば「にんべん」や「さんずい」がつく漢字と部首に着目させることが多いですが，「画数が○画の漢字」「音読みしかない漢字」など，様々なお題がつくれます。子どもから募集してもよいでしょう。

制限時間を決め，教師の合図でお題に合った漢字を黒板にどんどん書かせます。終了の時間になったら，一つひとつ確認しながら○をつけていきます。字が乱れるのは仕方ないですが，明らかな間違いや同じチームの中で同じ文字を書いたときは点数には入れません。最終的にたくさんの点数をとれたチームの勝ちです。第２回戦をするときには，列の中で順番を入れ替えてもよいことにすると，子どもたちは真剣に順番を考えます。そして，普段の漢字学習の真剣みも増していきます。

（吉羽　顕人）

ポイント！

●漢字の間違いは厳しくチェックするべし！

1つでも多くの漢字を書こうと真剣な表情です

「きへん」の漢字がたくさん集まりました

漢字

低学年　中学年　高学年

漢字パーツしりとりをしよう！

ねらい

漢字の部分に着目する活動を通して，点画や部首，字体・字形に対する意識を高める。

活動の概要

競争を取り入れることで，楽しく盛り上がって漢字と接することができるゲームです。

例えば，「霜」から「あめかんむり」を引き継いで「雪」，「雪」から「ヨ」を引き継いで「曜」，「曜」から「ふるとり」を引き継いで「進」…というように，共通する漢字のパーツでつないでいくしりとりゲームです。

チーム対抗にして，全員がつないで漢字を書く速さを競ってもよいですし，意外なつなぎ方を見つけた方が勝ちとすることもできます。つないだパーツの画数の合計が多い方（または少ない方）が勝ち，というルールでもよいでしょう。時間内により多くの漢字をつなぐことができた方が勝ち，というルールも，シンプルな漢字遊びになります。

しかし，あくまでも学習活動ですから，知的な部分は保障したいところです。ゲームの後には，漢字の読みや意味，部首名を確認する振り返りの時間をとりましょう。

（井上　幸信）

ポイント！

●ゲームの楽しさと，漢字学習の要素とを共存させるべし！

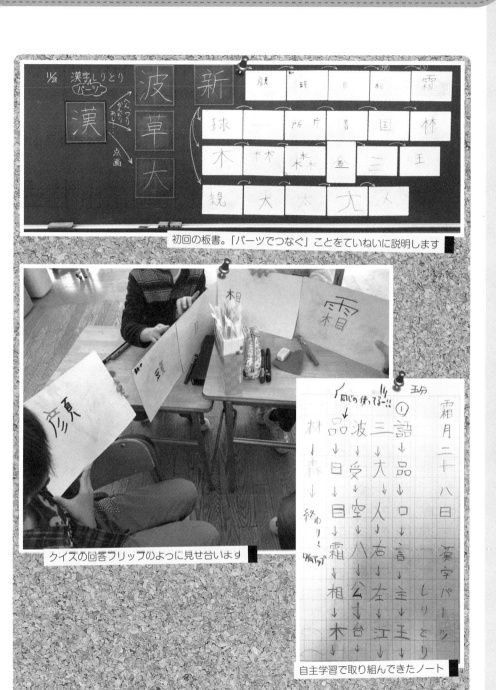

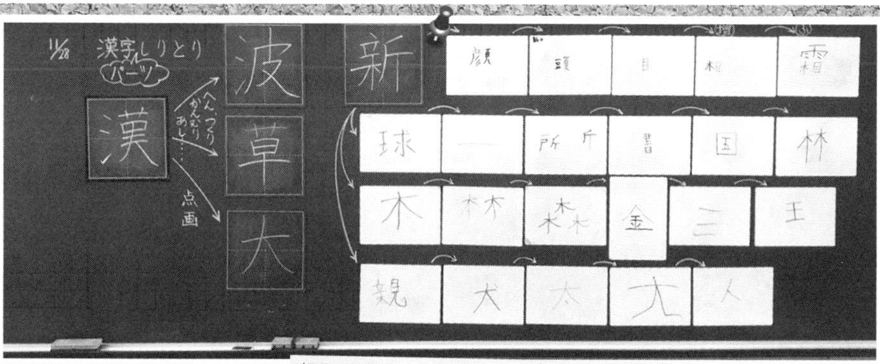

初回の板書。「パーツでつなぐ」ことをていねいに説明します

クイズの回答フリップのように見せ合います

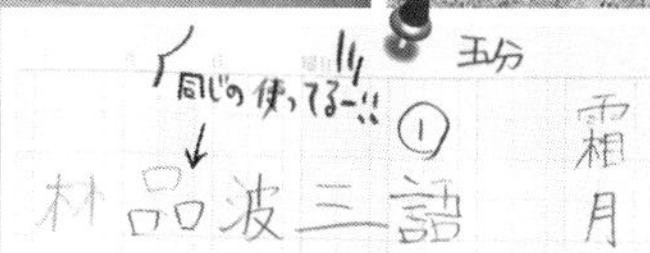

自主学習で取り組んできたノート

低学年　中学年　高学年

バラバラ漢字クイズをしよう！

ねらい

既習の漢字を基にしたクイズを解いていくことで，漢字のへんやつくりなどを意識して覚えることができるようにする。

活動の概要

習った漢字を楽しみながら復習できるゲームです。

まず，出題したい漢字を５～６つにバラします。例えば，漢字の「漢」なら，「艹」「口」「氵」「二」「人」というようにバラバラにし，黒板に書いていきます)。それらを合わせるとなんという漢字になるかを当てるゲームです。

その単元で習った漢字を出題範囲にすると，単元の漢字の練習にもなるので，一石二鳥です。

最初は隣と答えを確認させながら発表させると，わからない子も減り，普段漢字が苦手な子も漢字ドリルを開きながら一生懸命手をあげて発表してくれます。

また，慣れてきたらレベルを上げ，問題の途中でも発表させたり，「あと１つ，足りない部分はなんでしょう？」と問い，最後のパーツを答えさせたりすると，さらに盛り上がります。

楽しみながらどんどん漢字を覚えさせていきましょう。

（比江嶋　哲）

ポイント！

●出題の仕方を工夫して，楽しく考えさせるべし！

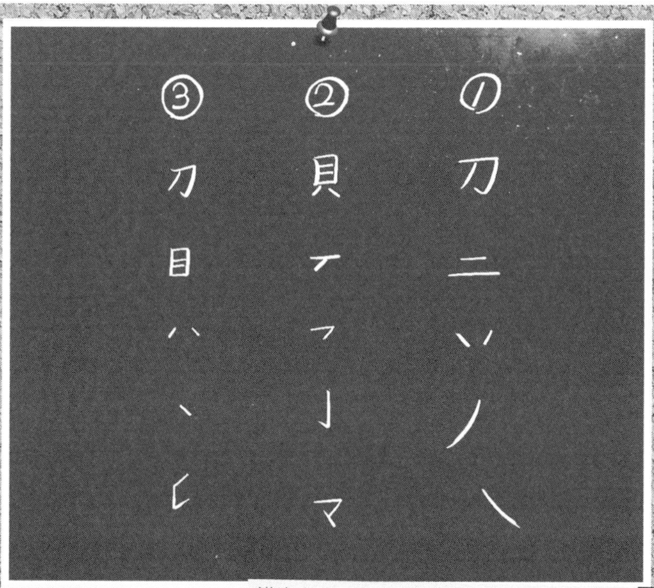

漢字を５～６つにバラして問題を出します

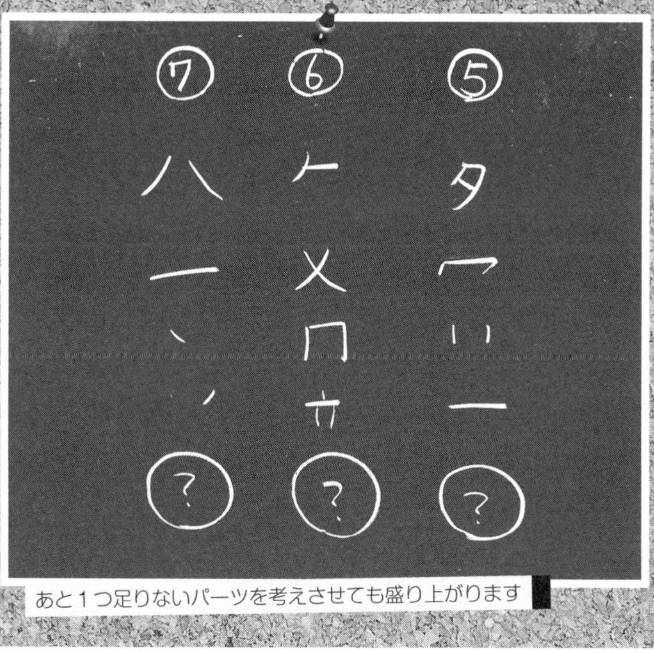

あと１つ足りないパーツを考えさせても盛り上がります

漢字

低 学年　中 学年　高 学年

漢字を楽しく覚えよう！

ねらい

クイズ形式にしたり，意味を考えて文章をつくったりすることで，漢字を覚えることへの抵抗感をなくす。

活動の概要

漢字を覚えることを苦手とする子どもはたくさんいます。そこで，いろいろな方法で，楽しみながら覚えさせていきます。

❶バラバラクイズ

新しく学んだ漢字を，知っている漢字やカタカナのたし算にする。

（例）朝＝月 ＋ 十 ＋ 日 ＋ 十

❷間違えやすい部分隠しクイズ

とめ・はね・線の数等，間違えやすい部分を隠してクイズにする。

（例）

❸意味で言葉づくり

漢字の部分の意味を組み合わせて文をつくる。

（例）「休」→木に人（にんべん）がよりかかるとよく休める。

「涙」→泣くのを（さんずいで水）やめると気持ちが戻るよ。

（相澤　勇弥）

ポイント！

●とにかく印象に残るような学び方を考えるべし！

子どもが家庭でつくってきた，部分隠しクイズ

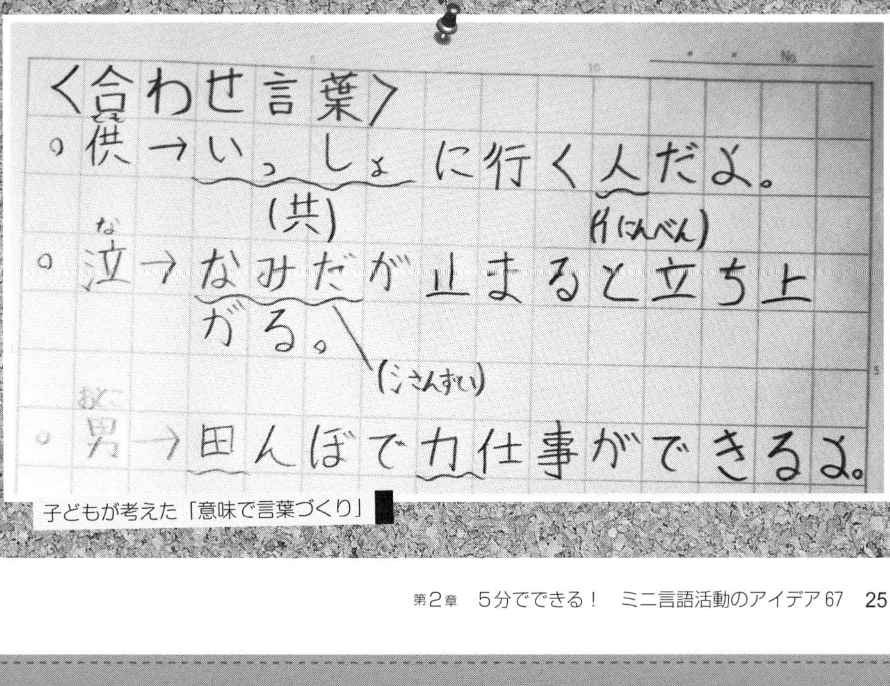

子どもが考えた「意味で言葉づくり」

漢字

低学年　中学年　高学年

タブレットを使って漢字学習をしよう！

ねらい

とめ・はね・はらいの箇所にマークを付していくことで，正しく漢字を書く力を高める。

活動の概要

タブレットを使って短時間で行う漢字の学習です。書く際に注意すべき箇所にマークを付していくことで，正しく漢字を書く力を高めます。

❶下のようにマークを決め，まずは個人でタブレットに表示された漢字にこれらのマークを付していきます。

□…とめる　○…はねる　△…はらう

❷タブレットと同じ画面を黒板に投影し，とめ・はね・はらいの確認を学級全員で行います。

❶は事前に宿題で出しておき，漢字ドリルなどにマークを入れさせておくと，朝の時間などにスムーズに行うことができます。

また，最初はやり方の見本を教師が示すようにしますが，慣れてくれば子どもたちだけで行うことができるようになってきます。

（笠原　冬星）

ポイント！

●タブレットやプロジェクタなど ICT を活用して，スムーズに行うべし！

タブレットにマークを記入していきます

黒板に投影し，学級全体でとめ・はね・はらいの確認をします

漢字

低 学年　中 学年　高 学年

ダウト漢字で楽しく漢字の学習をしよう！

ねらい

子どもたち自身で学習した漢字の中で多そうな間違いを考え，クイズ形式にすることで，正しい形の漢字を楽しく学習できるようにする。

活動の概要

学習した１つの漢字について，間違えてしまいがちな「ダウト漢字」を２つつくり，三択クイズにします。「横画が一本多い」「点の場所が違う」など，子どもたちが自分で考えます。つくったダウト漢字を紙に書き，大型モニターに映し出したり，印刷したりして，子どもたちで解き合います。

いくつかの新出漢字を学習したときに，１つ選んでクイズをつくったり，グループで手分けしたり，様々な方法で取り組むことが考えられます。

クイズ形式にすることで，

「え～！　それはないでしょー！」

とワイワイ楽しんでやりとりをしたり，

「あ～，わかるわかる，間違えそうだね！」

と共感したりしながら，楽しく正しい漢字を覚えていくようになります。

「書き順ダウトクイズ」などのアレンジも可能です。

（佐藤　司）

ポイント！

●間違えそうな漢字を先回りして考え，クイズ形式にすることで，楽しく正しい漢字を学ばせるべし！

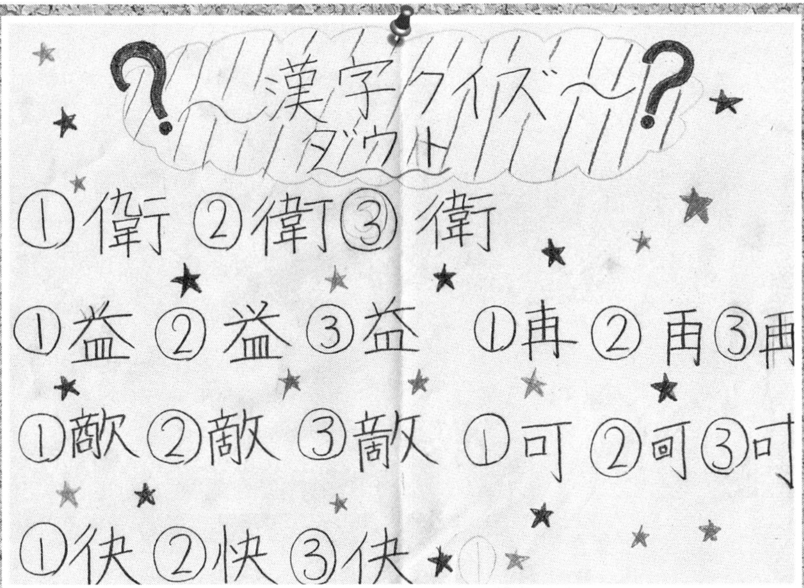

三択クイズにして出題します

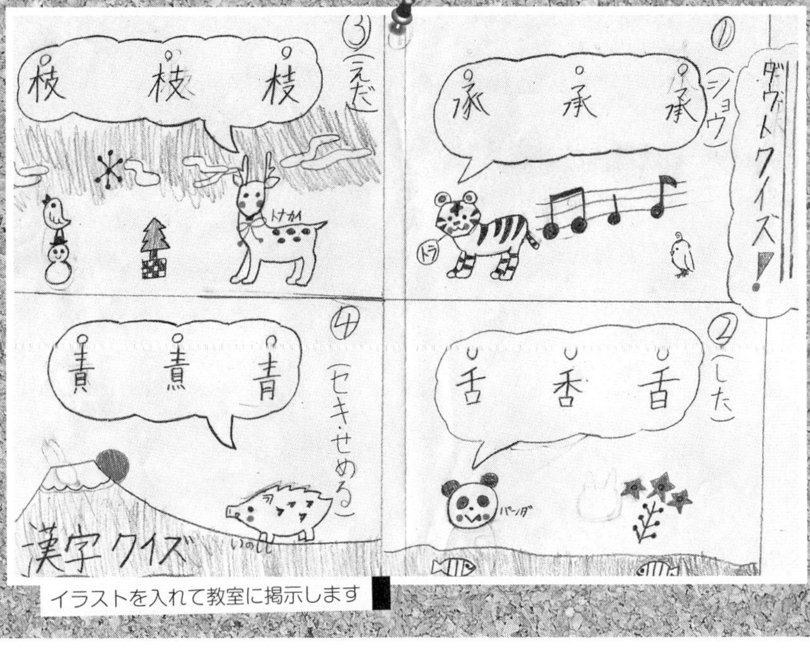

イラストを入れて教室に掲示します

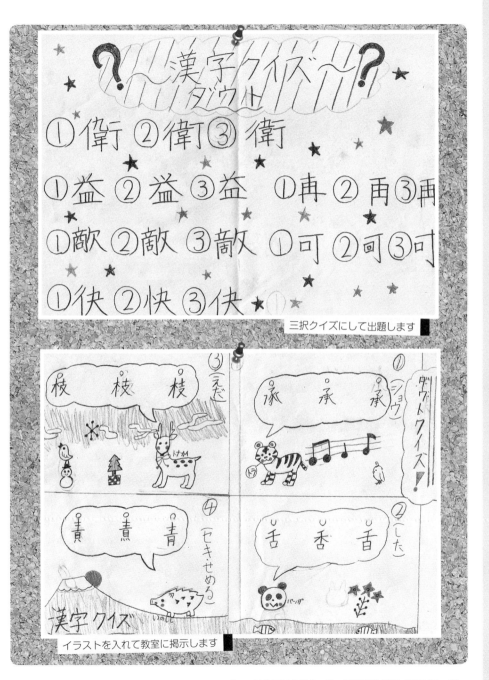

漢字

低学年　中学年　高学年

K－1グランプリで漢字をパワーアップさせよう！

ねらい

お互いの漢字ノートを見合うことで，友だちの字のよいところを学んだり，自分の字をもう一度見直したりすることができるようにする。

活動の概要

漢字の学習では，ノートに「ていねいに」「きれいに」書こうとよく伝えます。しかし，学級全員にその意識をもたせることは難しいものです。

そこで，「K（漢字）－1グランプリ」という，ちょっとした取組を紹介します。

K－1グランプリとは，机の上に名前が見えない状態で漢字ノートを並べ，子どもたち自身に評価させる活動です。

❶ノートを開いた状態で机に並べる。

❷子どもたちは赤鉛筆を持ちながら，素敵だなと思ったノートの枠外に王冠マークをつける（中に出席番号も書く）。

❸王冠の数を集計し，ランキングを発表する。

この活動を通して，子どもたちは自分ももっと素敵な字を書きたいとやる気になったり，友だちの字に対する努力を知り，アドバイスをしてもらったりします。

（小竹　浩昭）

ポイント！

●「もっと素敵な字を書きたい！」と思う心に火をつけるべし！

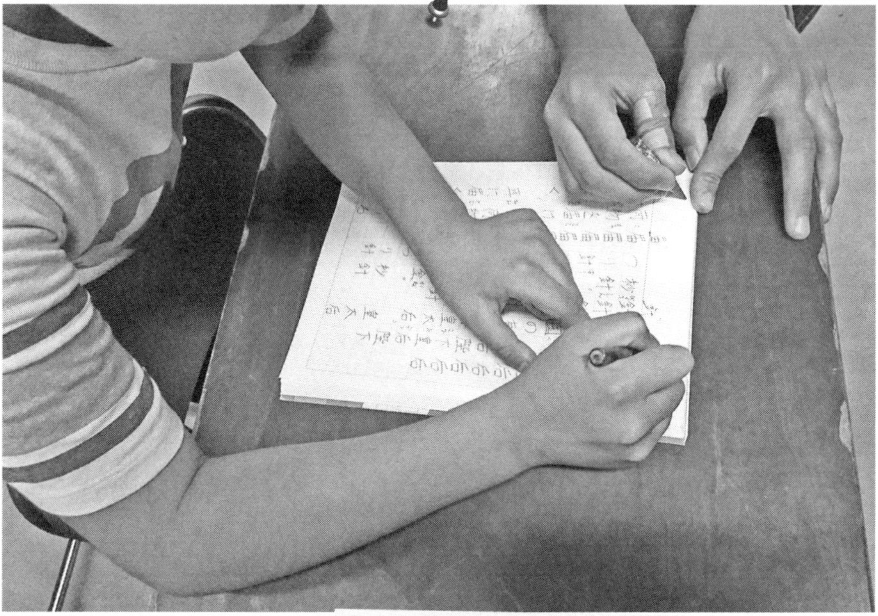

「美術館のように味わいながら歩きましょう」と伝えます

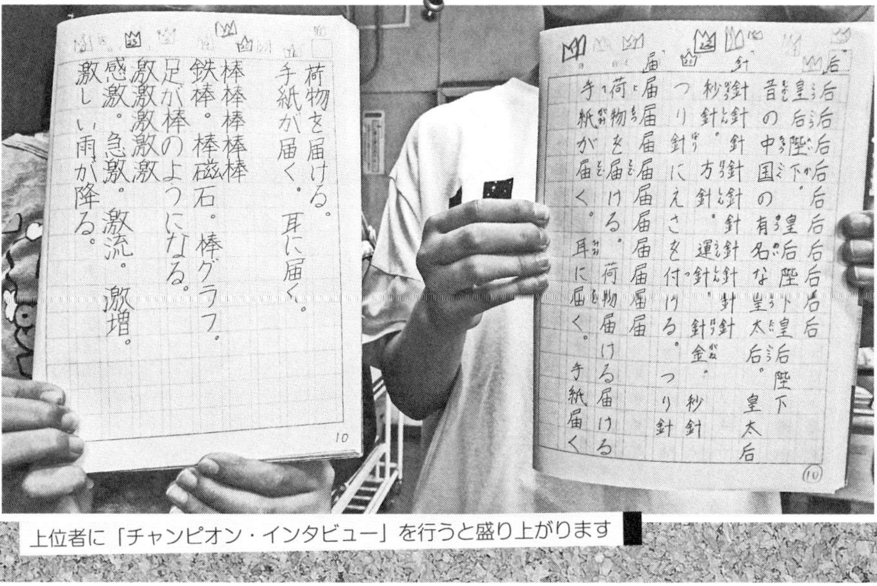

上位者に「チャンピオン・インタビュー」を行うと盛り上がります

漢字

低 学年　中 学年　高 学年

漢字ドリルと辞書引きで授業モードに切り替えよう！

ねらい

漢字ドリルと辞書を使った「新出漢字の練習」を通して，言葉を読み，書き，話す活動を行い，授業への集中力を高める。

活動の概要

休み時間のドッジボールを終えたばかりの子どもたちは，汗を拭きながら席に着きます。そこで，授業最初の５分間，どの教室でも行う新出漢字の練習を通して，国語の授業ができる頭と心に切り替えさせます。

使う教具は，漢字ドリルと辞書です。まず，ドリルに従って，新出漢字にかかわる情報（音読み，訓読み，意味，熟語）を読みます。授業者の後に同じことを言う「追いかけ読み」方式で行います。このとき，はっきりと声を出していない子がいた場合，やり直しましょう。２回繰り返します。

次に，「指書き用意，せーの」という指示で，筆順を確かめます。子どもたちも「いち，に，さん」と声を出しながら目の前で指を動かします。そして漢字を枠の中に書きます。終わったら「終わりました！」と報告します。

最後は，熟語の意味調べです。辞書を使います。言葉が見つかったら，席を立って意味を読みます。読み終わったら，座って次の熟語を調べます。すべての意味調べが終わったら，再び「終わりました！」と報告させます。

（谷内　卓生）

ポイント！

●５分間で「読む・書く・話す」のウォーミングアップをすべし！

働

音 ドウ

訓 はたらく

工場《こうじょう》で働《はたら》く。

労働時間《ろうどうじかん》

意味	じゅく語
仕事をする。	働《はたら》き者《もの》　共働《ともばたら》き 働《はたら》き手《て》　実働《じつどう》

働　働　働　働

民

音 ミン

日本《にほん》の民話《みんわ》。

国民《こくみん》の生活《せいかつ》。

意味	じゅく語
人。いっぱんの人々。	市民《しみん》　住民《じゅうみん》 民宿《みんしゅく》　民間《みんかん》

民　民　民　民

毎日、新しい漢字を3つずつ覚えよう！

1　追いかけ読み　先生→みんな

①音読み　先「ドウ」→み「ドウ」

②訓読み　先「はたらく」

③短文　先「工場で働く」　先「労働時間」

④意味　先「仕事をする」

⑤じゅく語　先「働き手」　先「共働き」・・・

★2回繰り返します。

2　筆順の確認

★「せーの、1、2、3」と、指を鉛筆に見立てて目の前でゆっくり書きます。

3　漢字の書き

★ドリルの練習枠に漢字を書きます。

4　じゅく語の意味調べ

★辞書で調べ、見つけたら読みます。

メニューに従って１つの漢字につき1.5～２分程度の練習をします

熟語の意味を立って話します。５分間の活動に「書く，読む，話す」を入れます

低学年　中学年　高学年

読み方を工夫して音読を楽しもう！

ねらい

音読の仕方を工夫し，様々な読み方をすることで，同じ文章でも何度も楽しみながら音読に取り組むことができるようにする。

活動の概要

物語文でも説明文でも，同じ文章を何回か読むと，なかなか集中して音読できなくなるものです。そんなとき，音読の仕方を少し工夫することで，何回も読んで慣れている文章でも，新鮮に楽しく読むことができます。

❶超速読み

とにかく速く読みます。何を言っているかやっと聞き取れるくらいが目安です。20行など範囲を決めて立って読み，終わったら座ります。

❷カンペキ読み

句点で交代しながら，とにかく正確に表記通り読みます。意外と読み飛ばしや間違い読みがあるので，読む人も聞く人も集中して取り組めます。立って読み，2回間違えたら座ります。

❸１人リレー読み

読点と句点で交代とし，まるで１人で読んでいるかのように，前の人の読み終わりに微妙に重ねて読み始めます。テンポが速く集中して読みます。

（相澤　勇弥）

ポイント！

●とにかく集中して取り組める工夫を考えるべし！

子どもとどんな読み方をしたいか相談すると，より主体的な学びになります

何度も読んでいる文章ほど夢中で集中して読んでいきます

音読

低学年 中学年 高学年

青空音読をしよう！

ねらい

ベランダに出てみんなで元気よく音読をすることで，大きな声や明るい声で読むことの気持ちよさを実感させる。

活動の概要

例えば，月曜日の朝，「子どもたちがなんだか元気がなさそうだな…」と感じるときはありませんか？

国語授業の導入の際の音読で，「声が暗いなぁ…」と感じることはありませんか？

こういったとき，子どもたちを叱ると，ますますテンションが下がり，声が暗くなってしまいがちです。

こんなときにおすすめなのが，「青空音読」です。

やり方は簡単で，右ページの写真のように，ベランダに出て一列に並び，空に向かって音読をするだけです。

開放的な空間で音読をすることで，自然と声が大きくなったり，すっきりとした明るい気分で音読できたりします。楽しく音読ができるので，子どもたちは青空音読が大好きです。

（菊地　南央）

ポイント！

- 「声が出ていないから」としかるのはやめるべし！
- 隣のクラスの人が聞いたら喜ぶような，さわやかな声で音読させるべし！

みんなで１列になって音読します

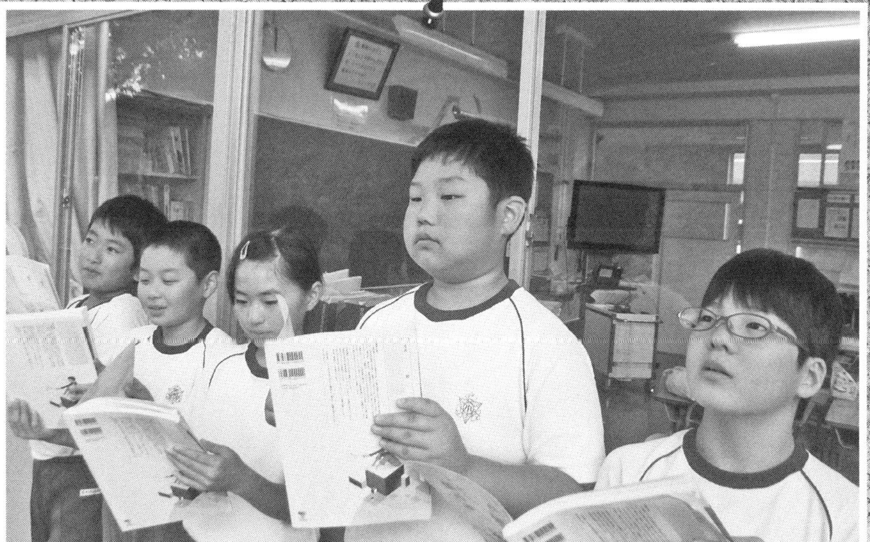

読み終わった後の充実感のある表情も一生懸命読んだことをうかがわせます

低学年　中学年　高学年

ペアでいろんな音読をしよう！

ねらい

授業で扱う教材文をペアで読むことを通して，楽しく，確実に教材文を読むことができるようにする。

活動の概要

物語文や説明文を扱う授業のとき，個人追究に入る前に，各自で教材文を音読することは多いと思います。しかし，教材文が長いほど，子どもは飽きてしまいがちです。また，それぞれで音読しているので，正確に読んでいるか教師からはなかなかわかりません。そんなときは，教材文を隣の子とペアで音読する活動をおすすめします。隣の子と交代で読むことにより，１人で読むよりも負担は軽くなり，飽きずに最後まで取り組める子が多くなります。また，お互いの読みが正しいかチェックすることもできます。

やり方は簡単です。まず，隣の子とどちらが先に読むか順番を決めます。次に，２人とも立ちます。そして，１文交代読みをしていきます。最後まで読み終わったら座り，今度は順番を逆にして行います。１回目は立って読み，２回目は座って読むというようにすると，子どもたちが今何回目を読んでいるか教師が把握できます。慣れてきたら１ページ交代や会話文と地の文で交代等バリエーションを加えていきます。

（小林　康宏）

ポイント！

●机間を回り，ペアでちゃんと読んでいるかチェックすべし！

ペアで元気よく読んでいきます

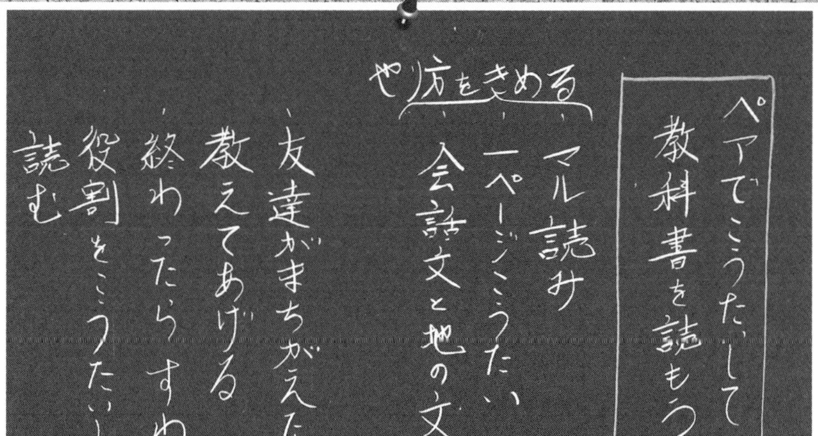
ペアでこうたいして
教科書を読もう
やり方をきめる
・マル読み
・一ページこうたい
・会話文と地の文
・友達がまちがえたら
教えてあげる
・終わったらすわって
・役割をこうたいして
読む

慣れてきたらいろんな読み方を取り入れます

低学年 中学年 高学年

相づち音読をしよう！

ねらい

一文ごとに聞き手に相づちを打ってもらうことにより，話題の展開や聞き手の反応を意識しながら音読できるようにする。

活動の概要

音読は，表現でありながら読解にもなっていることを常に意識して授業をしたいものです。しかし，まわりに合わせながら行う一斉読みや，「。」を区切りに１人ずつ読む丸読みなどでは，言葉を声に出すことばかりに意識が向いてしまいます。そこで，一文ごとに相手の反応を感じながら音読することで，内容の理解も深まる活動を考えました。

❶音読する作品の一文（末）ごとに，聞き手の反応（相づち）を書き込む。
❷２人組になり，読み手が一文読み終わるごとに，先ほど書き込んだ反応を読み上げる。
❸すべて読み終わったら交代する。
❹読んでいておもしろいと思った書き込みについて話し合う。

説明文だと反応がワンパターンになりがちで，子どもは物語文の方が「つっこみ」やすいようです。また，なるべく「ふぅん」や「へぇ」といった感嘆詞を使わせないこともコツの１つです。

（宍戸　寛昌）

ポイント！

●反応を返してもらいながら音読する気持ちよさを味わわせるべし！

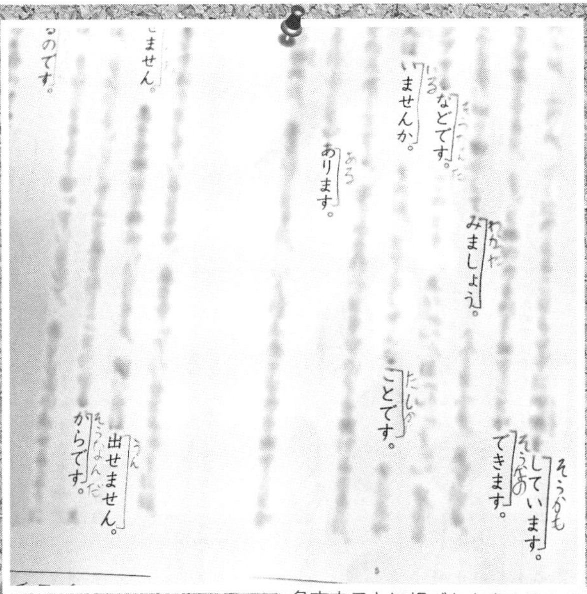

各文末ごとに相づちを書き込みます

相づちがあるだけで音読が楽しくなり，内容の理解も深まります

音読

低学年　中学年　高学年

タブレットで自分の音読をチェックしよう！

ねらい

タブレットを使って自分が読む様子をチェックすることで，よりよい音読ができるようにする。

活動の概要

音読の練習をする際に，２人組になって互いの音読を聞き，助言し合う学習はよく行われます。しかし，自分の音読を自分でチェックすることはできません。そこで，タブレットを使って自分の音読の様子を確かめる学習はいかがでしょうか。

まず，２人組になって，相手の音読の様子を撮影し合います。このとき，音読する子には，相手意識をもたせることが大切です。相手に自分の音読をしっかり聞いてもらうための工夫を考えさせます。視線，速さ，大小，抑揚，間，表情など，子どもや学年の実態に応じて設定します。この工夫が，後で自分の音読をチェックする際の観点になります。

撮影後は，観点に沿って，自分の音読をチェックします。このとき，１人ではなく，ペアの子と一緒に見て，よかった点や改善点を話し合います。

このように，友だちと話し合いながら音読を確認することで，より具体的な自己評価を行い，次の音読に生かすことができるようになります。

（伊東　恭一）

ポイント！

●工夫すべき点を確認したうえで，音読やそのチェックをさせるべし！

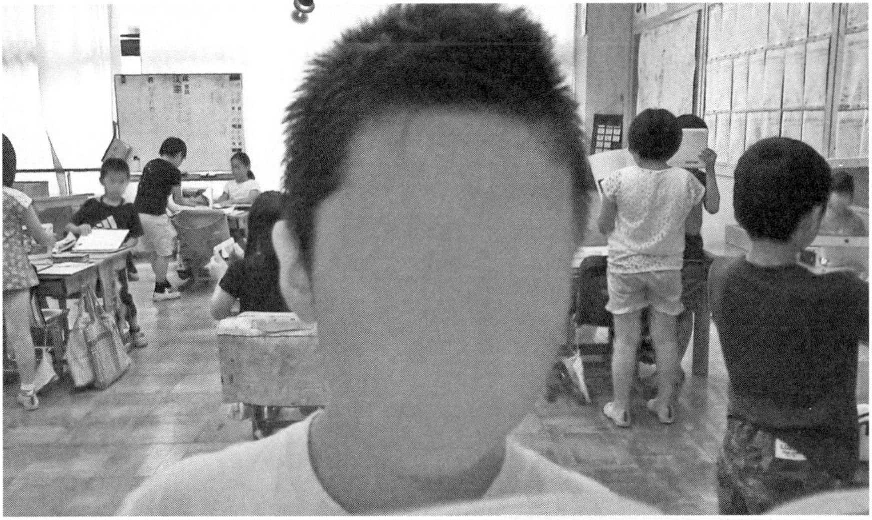

2人組で互いに音読を撮影し合います

学習したことがつたわる音読をしよう（3年）

①**しせん**　あい手を見る（あい手を見て聞く）

②**はやさ**　[はや]　[ゆっくり]

③**強弱**　[つ]　[よ]

④**間**　>

⑤**ひょうじょう（気もちやようすをあらわす）**
やさしく　くらく　よびかける

⑥**よくよう（高い声・低い声）**　[高]　[低]

子どもや学年の実態に応じて，工夫する観点を決めます

低学年 中学年 高学年

「新出事項」音読競争をしよう！

ねらい

教科書の新出学習事項を早く何度も音読することで，国語に必要な最低限の学習用語を知ることができるようにする。

活動の概要

国語の教科書の下部には，線で区切って新出漢字や難語の意味，学習に用いる言葉が記されています。この部分だけを最初のページから音読させます。時間は２分間くらいがちょうどよいでしょう。

音読は立って行います。姿勢をよくさせ，両手で教科書を持って音読させます。ページを素早く上手にめくるのも基本的な学習の基礎になります。大きくはっきりした声で読ませ，音読する子どもの横を歩きながら，課題のある子どもには「もっと大きく」「はっきりと」「姿勢を正して」「両手で持って」などと個別に声をかけていきます。

時間が経ったら，何ページまで読めたのか，そこに日付を書いておきます。その部分が次に挑戦するときの自分の目標になります。

その後，今日の１位を確認します。「100ページ超えた人いますか？」などと聞きます。時には，１位の子どもがどれくらいの速さで読んでいるのかみんなの前で紹介したり，後ろのページから読んだりしてもいいですね。

（広山　隆行）

ポイント！

●ある時期に連続して取り組み，記録が伸びる喜びを与えるべし！

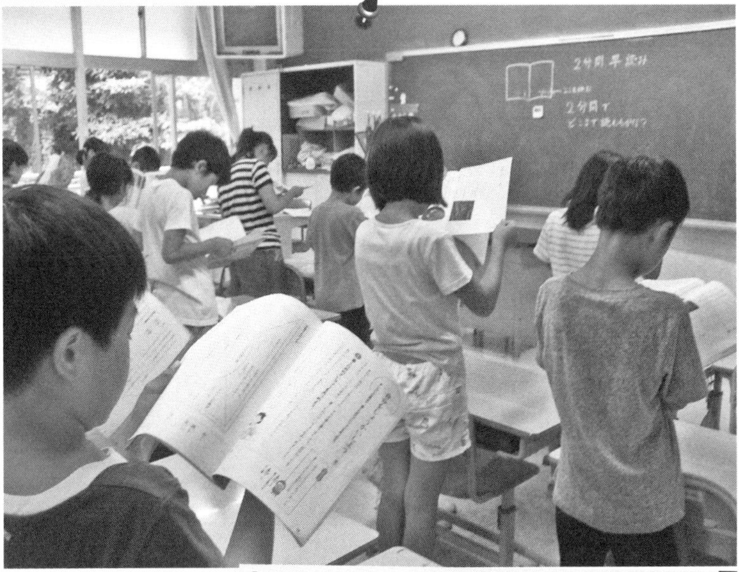

「よーい，スタート！」の合図で一斉に読み始めます

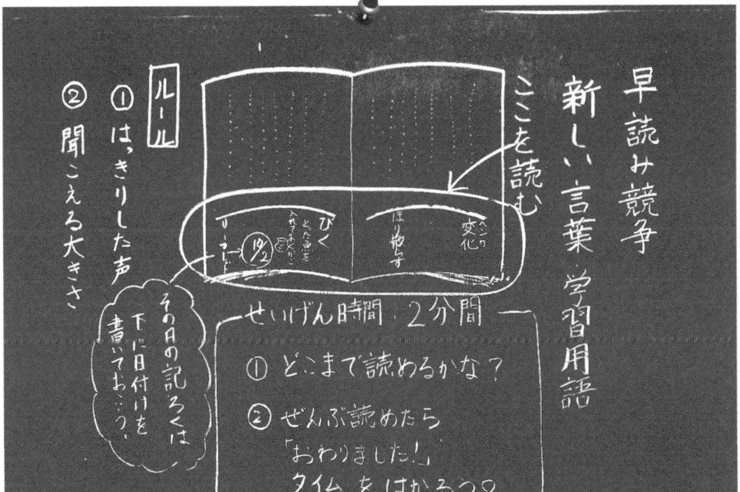

教科書の下部分こそが押さえるべき重要な言葉・用語なのです

音読

低学年 中学年 高学年

指差しゲームで一語一語を意識しよう！

ねらい

本文中の言葉をすぐに指差すことで，一語一語を意識しながら読み込むことができるようにする。

活動の概要

物語や説明文を深く読解していくためには，音読がとても重要になってきます。

しかし，いくら音読の宿題を出したとしても，しっかりやっているかどうかの判断は難しいところです。

そこで，「指差しゲーム」を行うことで，どれだけ音読をしてきているか，細かい一語一語まで読んでいるか見ることができます。

❶２人組の間に教科書，もしくは本文プリントを置く。
❷教師が本文中の言葉（キーワード）を言う。
❸先に見つけて指を差した方が立つ。

この活動を通して，友だちよりも早く見つけたいと本文を読み込むようになったり，構造を少しずつ意識することができるようになったりします。

また，こちらが気づかせたいことをあえてキーワードにすることで，その後の授業に生かすこともできます。

（小竹　浩昭）

ポイント！

●楽しみながら，本文全体を読ませるべし！

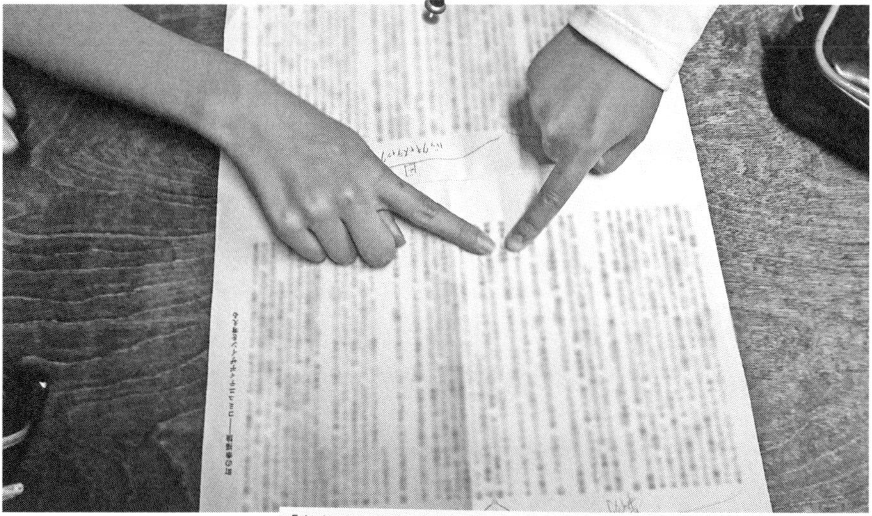

「あれ？　同じ言葉が他の段落にもあるよ！」などのつぶやきも

キーワードを言う前の緊張感

語彙

低学年　中学年　高学年

「…だけしりとり」に挑戦しよう！

ねらい

条件に合った語句だけを使ったしりとりを通して，語彙を豊かにする。

活動の概要

しりとりは，子どもたちにとって馴染み深い言葉遊びです。これに条件を加えていくことで，条件に合った語句を駆使する力が身につき，語彙を豊かにすることができます。

例えば，「トマト→トルコライス→スイカ→カステラ…」など，いくつか例示を行い，「食べ物だけしりとり」のルールを確認します。制限時間は1分。班で知恵を絞って，ミニ黒板に書くよう指示します。最もたくさんの語句をつないだ班の優勝です。

勝負がひと区切りすると，子どもたちの方から，

「『果物だけしりとり』がしたい！」

「『飲み物だけしりとり』がしたい！」

と，次々にアイデアが出てくることでしょう。

ここでは，例えば「車の名前」よりも「乗り物」とするなど，ある程度幅の広い条件で行うということで，そうすると学級全員がたくさんの語句を見つけることができます。

（藤原　隆博）

ポイント！

●ある程度幅の広い条件で始めるべし！

4人グループで和気藹々と「動物だけしりとり」をしています

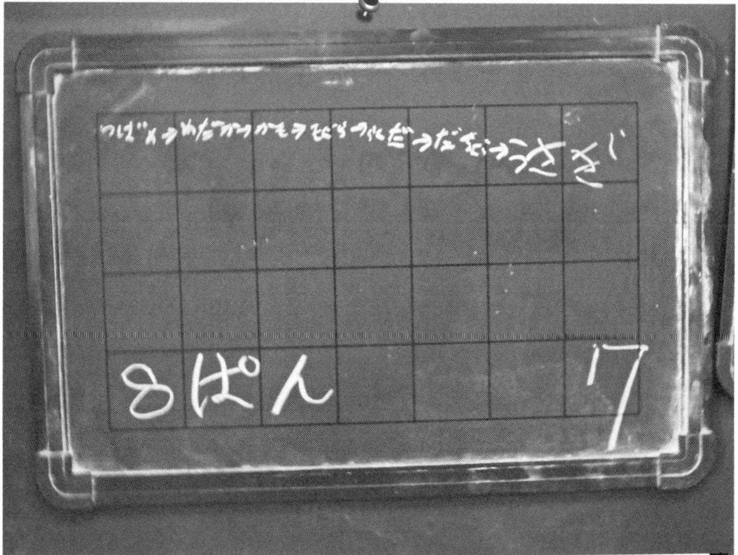

「つばめ→めだか→かも→もぐら→らくだ→だちょう→うさぎ」7つ続いた！

語彙

低学年　中学年　高学年

オリジナル・カラーネームを考えよう！

ねらい

色の様子を適切に表す名前を考えることを通して，語彙や表現を豊かにする。

活動の概要

スマートフォンの新機種が出るたびに，聞き慣れない色の名前が登場します。どれも，青・赤などのはっきりした色の名前ではありません。聞き慣れない色の名前をつけることで，新機種の新しさを強調しているのかもしれません。

そこで，子どもに，あまり見慣れない色の車や，なんとも言えない色の雲や草原の写真などを提示します。

そして，「これって，何色ですか？」と発問し，「なんだろう…」と考える雰囲気をつくってから，「グループで話し合って，オリジナル・カラーネームを考えよう」と投げかけます。話し合いの後，グループごとに発表し，学級全体で色の名前を再度検討します。そして，子どもたちが最もしっくりとくる色を学級の言語として採用しましょう。

こういった活動を通して，学級の中で使用される語彙が豊かになると，日頃の言語生活も様々な色彩を帯びてきます。

（藤原　隆博）

ポイント！

●既存の色では言い表せない，なんとも言えない色のものを提示するべし！

うぐいす色？　よもぎ色？　なんとも言えない色のものを提示するのがポイント

「先生ずぼん色」なるアイデアも登場！

語彙

低学年　中学年　高学年

ダジャレ，1分間でいくつ浮かぶ？

ねらい

身近なことを表す語句を，他の言葉に置き換える活動を通して，語彙を豊かにする。

活動の概要

ダジャレづくりは，言語感覚を豊かにし，言葉への親しみを増すことができる有効な言葉遊びです。

そこで，班対抗でダジャレを１分間集めてみましょう。子どもたちは，１分間でいったいいくつのダジャレを書き出すことができるでしょうか。班の仲間がクスクス笑う時間，学級全体が笑いに包まれる時間が生まれることでしょう。様々なダジャレが出てくる中で，言葉のおもしろさや奥の深さを味わうことができるはずです。

１つの言葉に掛かったダジャレだけでなく，２つ，３つと掛かった高度なダジャレが生まれることもあります。そのときは子どもを大いにほめます。

例　あったかい紅茶はあったかい？　あっ，高い！
　　家々が並んでいるから，家に入るときは，イエイと言え。

（藤原　隆博）

ポイント！

●とにかくたくさんのダジャレを集めるべし！

●複数掛かったダジャレをつくった子は，大いにほめるべし！

1分以上経っても，友だちとダジャレをつくることにすっかり夢中…

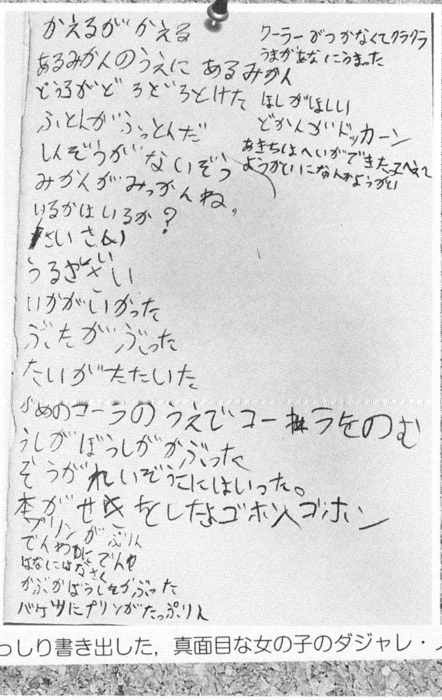

びっしり書き出した，真面目な女の子のダジャレ・ノート

語彙

低学年　中学年　高学年

「単語の中の単語」を見つけよう！

ねらい

語句のまとまりや関係を意識させることで，言語感覚や語彙を豊かにする。

活動の概要

例えば「クリスマスツリー」という単語の中には「クリ（栗）」「リス」「マス（鱒）」「ツリ（釣り）」といった単語が含まれているなど，字数が多い単語には，語句のまとまりでとらえると他の単語が見つかることがあります。その特性を踏まえた言語活動です。

国語辞典を用意させ，3分以内で「単語の中の単語」がいくつ見つかるか，班対抗で勝負をします。見つけた言葉は，ミニ黒板等に書かせましょう。

学級の実態にもよりますが，はじめのうちは，例えばパセリの中に「ゼリー」がある，ロイヤルゼリーの中に「セリ（芹）」がある，など，促音や清音・濁音の有無を問わないようにして活動のハードルを下げると，全員が参加しやすくなります。

「単語の中の単語」を探す活動を通して，言語感覚を豊かにすることができるだけでなく，国語辞典を引く習慣も身につけることができます。意外な単語の発見を重ねることで，語彙も豊かになることでしょう。

（藤原　隆博）

ポイント！

●はじめは，促音や清音・濁音の有無を問わずハードルを下げるべし！

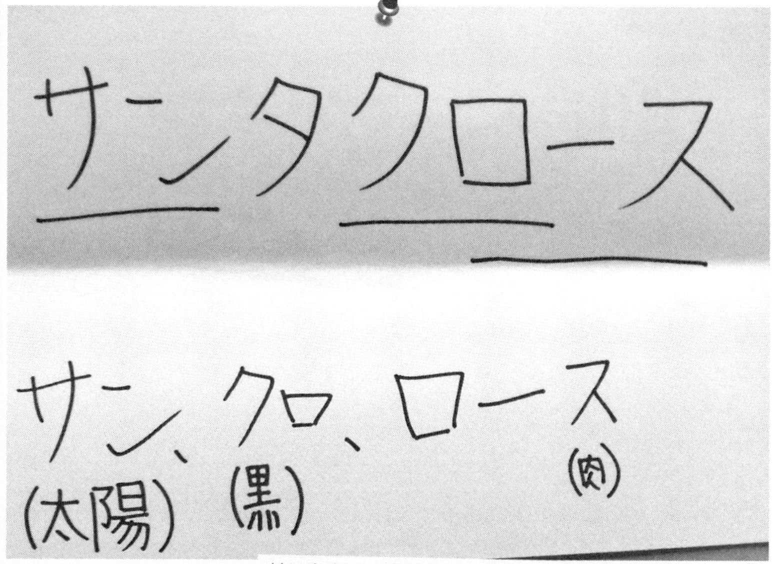

サンタクロースの中に，３つも単語が隠れていました

クラス全体で交流し合うことで，見慣れた単語の中に意外な発見が生まれます

語彙

低学年 中学年 高学年

「世代によってちがう言葉」をさらに広げよう！

ねらい

世代や場所，コミュニティによって違ってくる言葉や表現を集め，日常生活で使っている言葉を見直させる。

活動の概要

教育出版教科書『小学国語６上』で扱われている「世代によってちがう言葉」をさらに広げていく活動です。日常で使っている言葉を見直すきっかけとなるので，ごく短時間ながら，年間を通して行っていきます。

まず，「背広」が「スーツ」，「さじ」が「スプーン」のように，同じものでも世代によって使われる言葉が違うことを国語の授業で確認し，さらに「○○によってちがう言葉」を探していきます。地域によって違う言葉（方言）や，家族や友だちなどそのコミュニティでしか通じない言葉なども，「○○によってちがう言葉」に含まれることを確認します。

その後は，国語の授業中，朝の会，給食時間，果ては休み時間など，日常のあらゆる場面で，「これって京都ではどう言っているの？」「私の家ではこう言っているんだけど，通じる？」など，折に触れて「○○によってちがう言葉」についての問いを投げかけていきます。

（佐藤　拓）

ポイント！

- ●最初に「○○によってちがう言葉」の○○をいろいろ考えさせるべし！
- ●年間を通して，あらゆる場面で問いを投げかけ続けるべし！

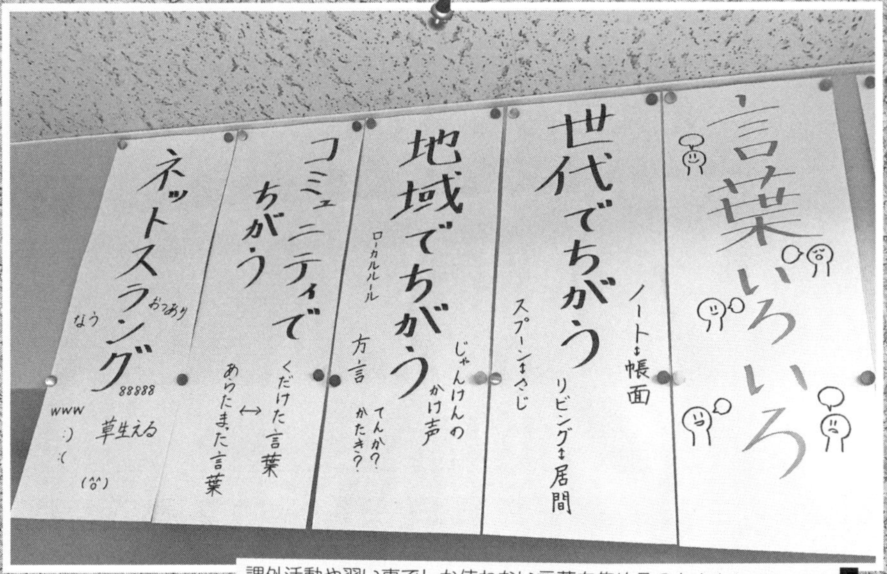

課外活動や習い事でしか使わない言葉を集めるのもおもしろいです

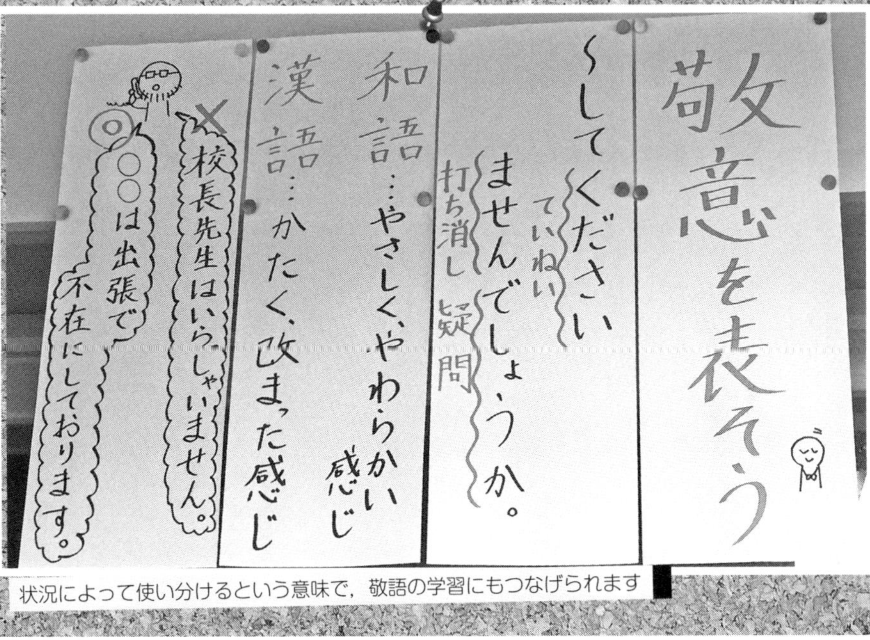

状況によって使い分けるという意味で，敬語の学習にもつなげられます

語彙

低学年 中学年 高学年

たくさん言葉を連想して文章をつくろう！

ねらい

制限時間内に連想した言葉の数を競うことによって，連想することの楽しさを味わわせ，想像力や語彙力を養う。

活動の概要

最初の言葉を１つ決め，制限時間内に言葉を次々に連想して書き留めていきます。最初の言葉を示す人は，教師・日直・誕生日の子どもなど，変化をつけるとよいでしょう。

時間が来たら，連想した言葉の数を確認し，上位の子どもや前回よりも大きく伸びた子どもをほめます（学級の人数に応じて上位の子どもを記録して掲示しておくと意欲が高まります）。最後は，連想した言葉を使って文章をつくります。すべての言葉を使うのではなく，自分が気に入った言葉を使ってつくらせることが大切です。時間があれば，つくった文章を交流させたり，全体で紹介し合ったりします。

書いたノートやワークシートは回収し，教師が確認します。活動を継続していけば，連想で培われる想像力が向上していきます。連想した言葉の数が少なくても，つくった文章が光っていれば教師のコメントで認め，励ましましょう。

（大江　雅之）

ポイント！

●継続的な取組で子どもの連想で働く想像力を高めるべし！

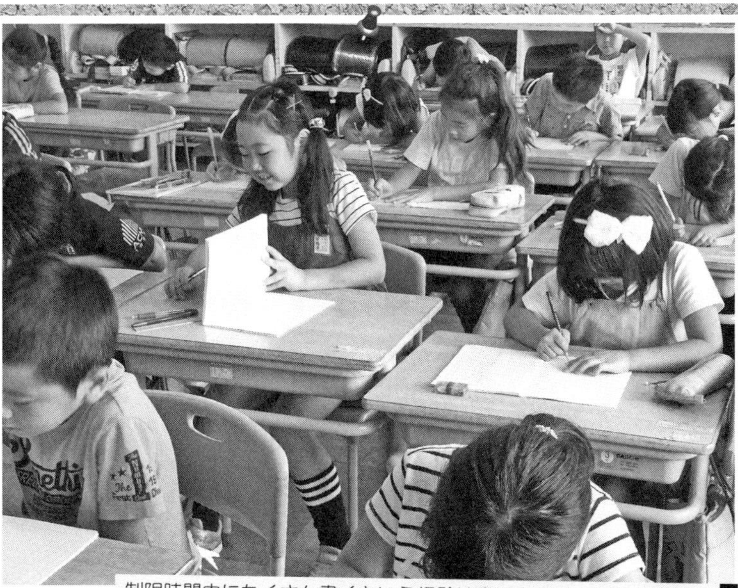

制限時間内にたくさん書くという経験は書く力の向上にも必要です

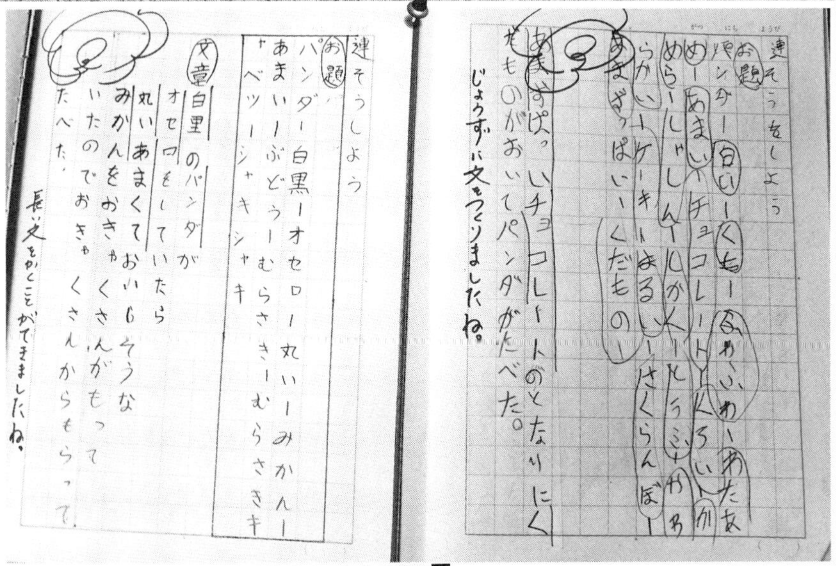

次第に連想できる言葉の数が増えていきます

語彙

低学年 中学年 高学年

イメージマップの特訓をしよう！

ねらい

1つの言葉からいろいろな物事を連想することによって，イメージマップによる発想の方法を身につけることができるようにする。

活動の概要

前項で紹介した活動のイメージマップ版です。答えのない，自由に発想することのできる学習を子どもたちはとても楽しみます。

イメージマップは，発想の方法として様々な場面で用いられています。活動を通して，思いがけないイメージが広がる体験をさせることが目的です。

はじめの言葉が提示されたら，ワークシート中央の円の中にそれを書きます（はじめの言葉を提示する人は，教師・日直・誕生日の子どもなど変化をつけます)。イメージが広がりやすいように抽象的な言葉がよいでしょう。時間を決めてどんどんイメージを広げさせます。

最後にイメージマップ全体のタイトルをつけます。そうすることによって，言葉を吟味し選択・決定する力がつきます。

完成したマップは，その都度教室に掲示することをおすすめします。友だちの作品をいつでも見られる状態にしておくことによって，活動への意識が高まります。

（大江　雅之）

ポイント！

●習得した方法を教科を超えて活用させるべし！

イメージマップづくりに意欲的に取り組む子どもたち

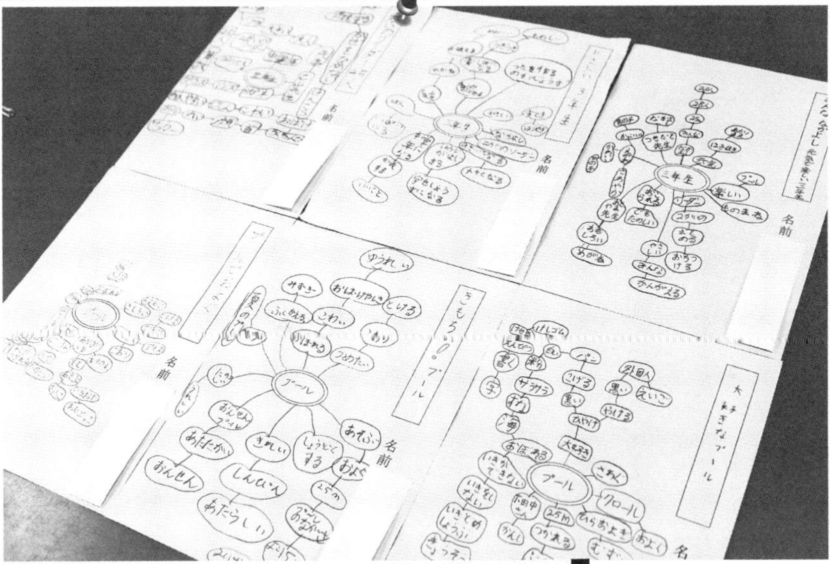

友だちの作品を見られるようにすると，新たな発見があります

文法

低学年　中学年　高学年

グループで協力して オノマトペ作文を書こう！

ねらい

擬音語・擬声語をリレー方式の作文に使用することを通して，言葉には音や様子を表す効果があることを理解できるようにする。

活動の概要

「オノマトペ作文」は，擬音語・擬声語を文の中に入れて，グループの友だちと協働で創作する言葉遊びです。条件に合った語句を駆使して書く力や，言葉には音や様子を表す効果があることを楽しく理解することができます。

まず，下のような例文を示し，オノマトペについて「音や様子を表す言葉」（高学年ならば，「擬声語・擬態語」と呼ぶ）と押さえます。

カキーン！　ヒットを打った。
タッタッタッ…走った。
バシッとボールがミットに収まったが，セーフ。

ルールとして「一文の中に必ず１つオノマトペを含む」「ストーリーがつながっている」という２つの条件を確認します。制限時間は３分，４人グループで知恵を絞りながらつくります。最もたくさんのオノマトペを含む文をつないだグループの優勝です（オノマトペが使われていない文を入れた場合は，ポイントに入れない，あるいは減点）。

（藤原　隆博）

ポイント！

●ルールをしっかり確認してから行うべし！

一文の中に必ず１つオノマトペを含むことが条件

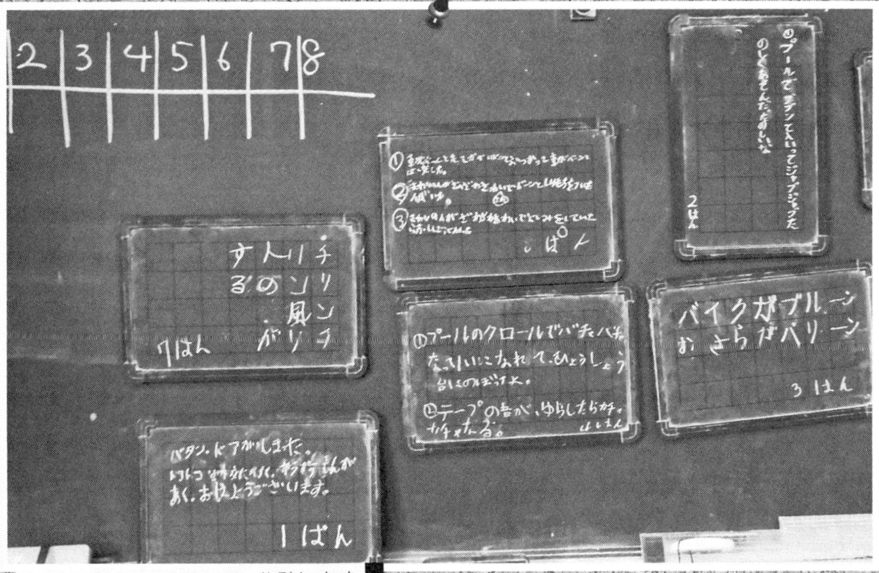

グループごとに発表して，集計します

文法

低 学年　中 学年　高 学年

ぴったんこ形容詞ゲームをしよう！

ねらい

形容詞と名詞の組み合わせを考えるゲームを通して，形容詞の語彙を増やすことができるようにする。

活動の概要

形容詞の語彙が豊かになるゲームです。

「楽しい」「かわいい」など形容詞を考えるグループと，「いぬ」「木」など名詞を考えるグループに分かれます。

それぞれのグループで１つ言葉を決め，他のグループに見えないようにホワイトボードに書きます。

教師が，「２班（形容詞）と５班（名詞）！」と言ったら，そのグループの代表が前に出てきて「せーの」で「かわいい！」「いぬ！」のように大きな声で読み上げてホワイトボードを見せます。

意味が成立する言葉ができれば形容詞グループの勝ち，できなかったら名詞グループの勝ちです。

ゲームを続けているうちに，いろいろな名詞に合う形容詞を考えるようになり，自然に語彙が豊かになっていきます。

楽しみながらいろいろ形容詞を身につけさせましょう。

（比江嶋　哲）

ポイント！

●ゲームを通して汎用性の高い形容詞の存在に気づかせるべし！

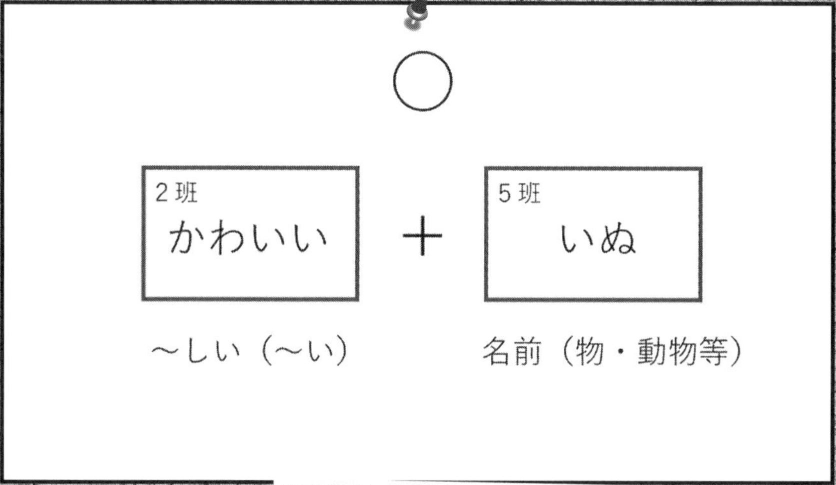

意味が成立する言葉ができれば形容詞グループの勝ちです

せーので読み上げてみると…，あれ？

文法

低学年 中学年 高学年

まとまりゴチャゴチャ言葉をつくろう！

ねらい

読点の打ち方で意味が変わってしまう文をつくることで，言葉のまとまりや読点を打つことの大切さに気づくことができるようにする。

活動の概要

音読をすると言葉のまとまりが意識されていなかったり，作文を書くと読点がまったくなかったり…。そんな子どもはいないでしょうか。この活動は，言葉のまとまりを意識して音読することや，作文で読点を打つことを意識づけることに役立ちます。

国語の授業冒頭や朝学習で，右ページの写真のようなマス目の短冊を配ります（Ｂ５の紙を切って短冊にするとそのままノートに貼れます）。

導入として，黒板に「いかだまってる」と，ひらがなで読点を打たずに板書します。子どもに，「どんな意味かわかる？」と聞くと，「イカダ待ってる」と「イカ黙ってる」の２つの意味が出てきます。

そして，「同じような文をつくってみよう」と投げかけて短冊に書かせ，できたものを見せ合います。はじめは上手につくれないので，グループで１つつくるところから始めましょう。慣れてくると，自分で文をつくることを楽しむ子どもが増えてきます。

（相澤　勇弥）

ポイント！

●クイズ形式にして，さらに楽しむべし！

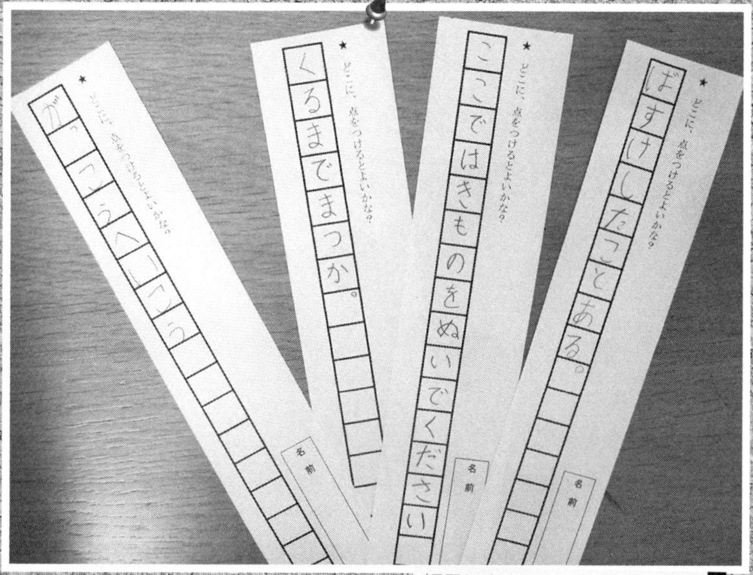

短冊に書き込んで完成させます

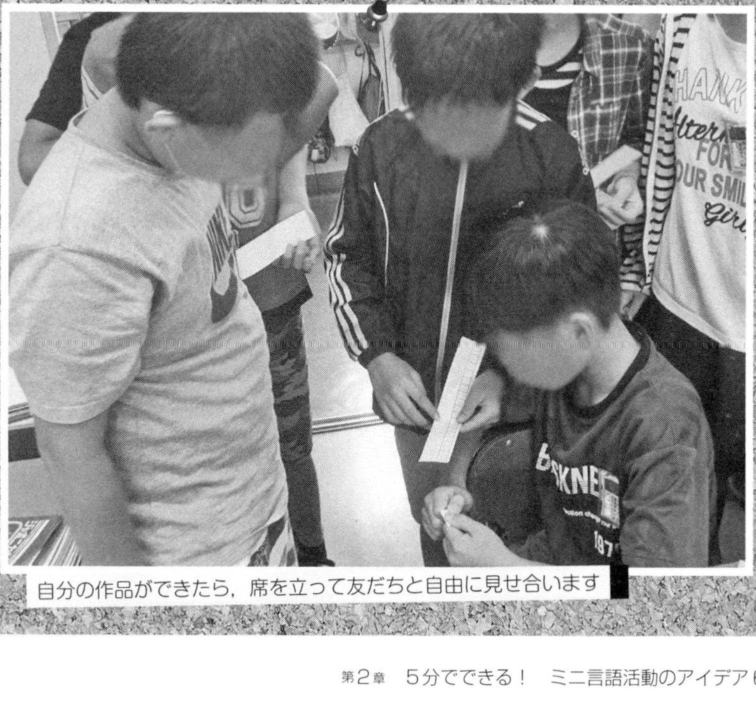

自分の作品ができたら，席を立って友だちと自由に見せ合います

文法

低学年　中学年　高学年

文末の不一致探しで，常体と敬体の書き分けをマスターしよう！

ねらい

常体と敬体とが混在した文章を添削する簡単な活動を通して，相手意識の大切さや，文末の常体と敬体の一致の大切さを，意識できるようにする。

活動の概要

右ページの写真のような，常体と敬体が混在した文章を子どもが添削する短い活動です。間違いがいくつあるかを示しておくと，子どもは集中して取り組みます。

1回はほんの少しの時間で終わりますが，繰り返し取り組むことで，文末の一致や言葉の選び方などを意識し始め，自分で文章を書くときにも常体と敬体の書き分けが徹底できるようになります。

文章の冒頭には，「相手」と「場面（目的）」も示します。そうすることで，敬体でていねいに書かねばならない場面，常体で書いた方が伝わりやすい場面などを実際に文章が使われる場面を通して知ることができるので，常体と敬体それぞれの表現の効果も自然と学んでいくことができます。

子どもの実態に合わせて，様々な相手や場面を設定して文を作成し，活動してみてください。

（相澤　勇弥）

ポイント！

●相手や場面を変えて，いろいろなパターンで取り組ませるべし！

相手・・・学校の先生
場面・・・陸上大会の指導のお礼

2か所

○○先生、陸上大会まで、わたしたちを指導してくださり、本当にありがとうございました。先生が、フォームをビデオで見せてくれて、ふみ切りの位置が遠いことや、うでのふり方がよくないことがよくわかりました。とてもためになり、よかっ~~た~~です。また、なかなか記録がのびなくて落ち込んでいた時に「だいじょうぶ」「まだのびるよ」と声をかけてもらい、とても元気が出ました。
おかげ様で、大会では、今までで一番いい記録が出~~た~~ました。本当にありがとうございました。

お礼という場面設定を踏まえ，敬体に直しています

相手・・・委員会活動の担当の先生
場面・・・委員会活動の報告

2か所

今日のあいさつ運動では、玄関前であいさつを元気よく返した人は150人。返したけれど元気がない人は30だった。あいさつが元気な人は少ないけれど、こちらから声をかけることが大事だと思い~~ます~~う。これからも、委員会のみんなで元気にあいさつをしていくことをがんばる。がんばり~~ます~~。
明日は、雨がふるらしい。かさがじゃまで、目と目を合わせにくいけれど、元気にあいさつをしたい。

報告は簡潔に常体で

文法

低学年 中学年 高学年

つまり・たとえばクイズをしよう！

ねらい

つまり・たとえばクイズを通して，具体と抽象の関係性を理解できるようになる。

活動の概要

まずは，次のように聞いてみてください。

「トマト・にんじん・なすは，まとめるとなんの仲間ですか？」

読者の先生方ならすぐにわかると思いますが，答えは野菜です。そこで，トマト・にんじん・なすは，「つまり」野菜であることを伝えます。

反対に，「動物の仲間にはたとえばどんなものがいますか？　3つあげてください」と聞くと，それぞれ思いついた動物の名前を3つあげるでしょう。

これを，テンポを速めて「トマト・にんじん・なす，つまり？」「バラ・パンジー・チューリップ，つまり？」と聞いたり，「文房具，たとえば？」「鳥，たとえば？」と聞いたりします。慣れてきたら，子どもたちに問題をつくらせて，みんなで出題し合うと盛り上がります。出題者が想像していた答えと違うことを答える子もいますが，それもゲームのおもしろさです。

このように，「つまり」「たとえば」クイズを繰り返すことで，具体と抽象の関係を遊びながら学べます。

（菊地　南央）

ポイント！

●教師だけでなく，子どもにも問題を考えさせるべし！

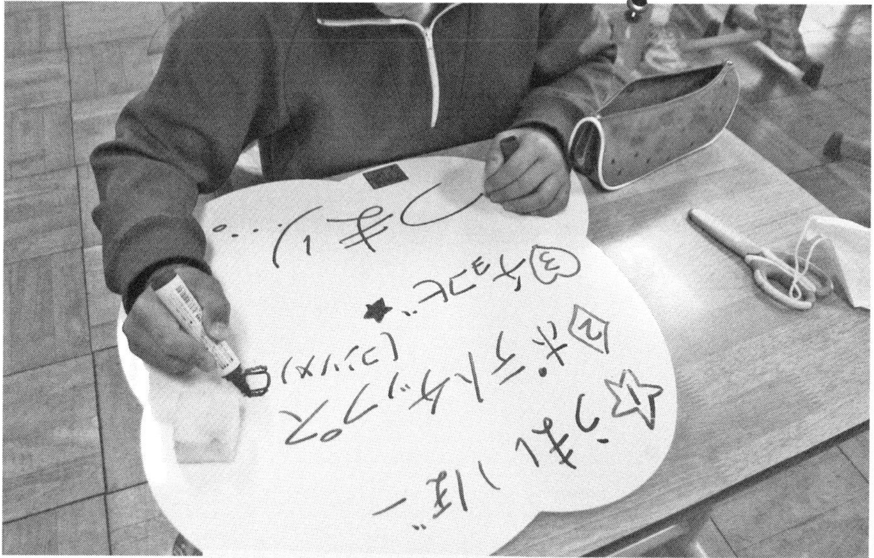

ホワイトボードの表に「つまり」問題，裏に「たとえば」問題を書きます

「たとえば」問題は多様な答えが出ることを出題する子どもに伝えておきます

文法

低学年 中学年 高学年

先生・子ども・お母さんゲームをしよう！

ねらい

先生，子ども，お母さん（お父さん）になりきって質問と伝言のやりとりをすることで，相手に合わせた言葉づかいができるようにする。

活動の概要

子どもたちが少し堅苦しいと感じがちな敬語も，コミュニケーションゲームにすると楽しく学ぶことができます。

❶３人組をつくって，先生，子ども，お母さんかお父さん（以下，親）の役割を決めます。
❷子ども役が，尊敬語や丁寧語を使って先生役に質問をします。
例「○○先生は，お休みの日に何をなさっているのですか」
❸先生役から聞いた答えを，尊敬語を使って親役に報告します。
❹子ども役が，親役に質問をします。
❺親役から聞いた答えを，謙譲語や丁寧語を使って先生役に報告します。
❻先生役と親役の子どもが判定＆アドバイスをします。２回とも伝達できていたら２点，片方だけできたら１点です。
❼役割を交換して，時間まで続けます。

（菊地　南央）

ポイント！

●堅苦しくなりがちな敬語の学習は，ゲームでとにかく楽しむべし！

帽子（先生は赤，子どもは白，親はなし）を使うと役割がわかりやすくなります

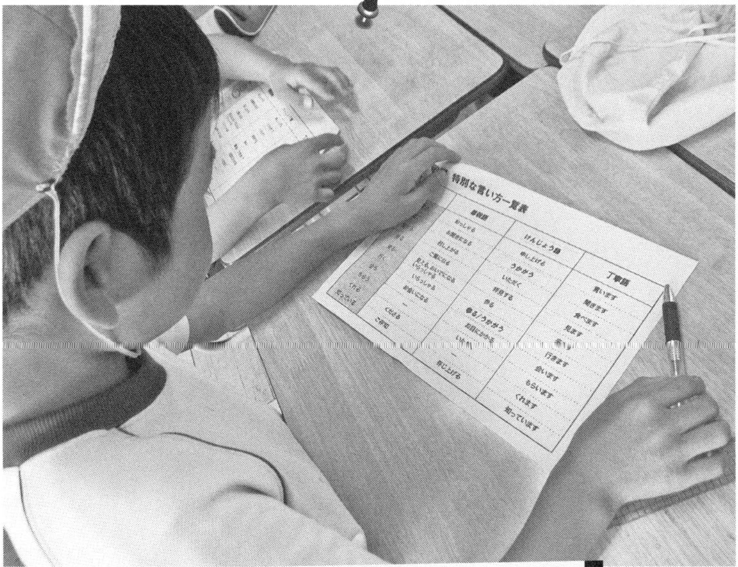

敬語の使い方一覧表を渡すことで，敬語を使いやすくなります

文法

低学年　中学年　高学年

つなぎ言葉カードトークをしよう！

ねらい

ランダムに選ばれたつなぎ言葉に沿って話の内容を考えることを通して，接続詞の働きと話題の流れを意識しながら対話できるようにする。

活動の概要

つなぎ言葉（接続詞）は文章のナビであり，これから話される内容を聞き手に予想させる働きがあります。この働きの効果を実感させるために，ランダムに示されるつなぎ言葉でその後が左右される対話活動を行います。

❶１人３～４枚のカードにつなぎ言葉を書く。
❷話し合う人数（２人・４人）のカードを重ね，シャッフルし山をつくる。
❸じゃんけんで順番を決め，カードに書かれたつなぎ言葉に続けて話をする。
❹カードがなくなるまで話を続ける。
❺つなぎ言葉を生かした話の中で，おもしろかったものについて振り返る。

最初の１人は「今日はいい天気だね」といった，当たり障りのない会話から始めるとよいでしょう。カードはランダムに選ばれるため，「このように」や「つまり」など，どうつなげてよいかわからない言葉で話をしなければならない場合も出てきます。その場合は言葉の整合性にこだわらず，話の流れに合っていれば可としましょう。

（宍戸　寛昌）

ポイント！

●接続詞に応じて会話の方向が変わる楽しさを味わわせるべし！

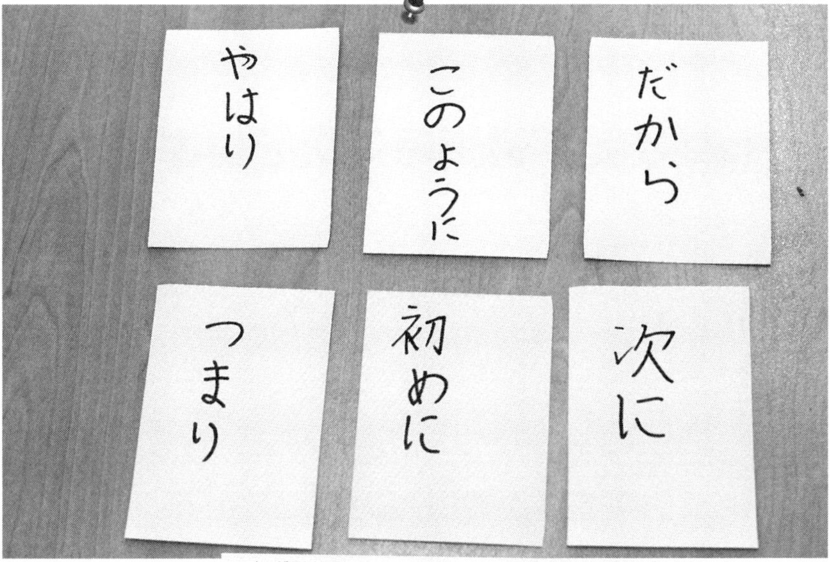

つなぎ言葉が浮かばない場合は，教科書の説明文から写させます

話の流れとカードの言葉をなんとかつなげようとして出てきた文に，自然に笑みが

辞書

低学年　中学年　高学年

トリオで辞書引き対決をしよう！

ねらい

言葉を早く探し当てることを競い合うことで，より素早く辞書を引くことができるようにする。

活動の概要

子どもたちは3年生で国語辞典の引き方，４年生で漢字辞典の引き方を学習します。しかし，それぞれ2時間程度しか学習時間がなく，辞書を引き慣れるまでには至りません。

そこで，辞書を引き慣れるまでの間，授業の冒頭短時間，子ども同士で問題を出し合い辞書を引く中で，楽しみながら辞書を早く引けるようにしていきます。

まず，３人組をつくります。組になったら，問題を出す順番を決めます。そうしたら，最初に問題を出す役になった子は，辞書のページをさっとめくり，出てきた単語の中から残りの２人の子が調べる単語１つを決め，読み上げます。読み上げられたら，２人の子は急いで辞書を引きます。単語が見つけられたら問題を出した子に確認してもらいます。早く見つけられた方の勝ちです。5分間の中で出題者を変えながら辞書引きを行っていきます。

辞書の引き方を学習した後，ひと月を目安に行うととても早くなります。

（小林　康宏）

ポイント！

●早さを身につけるためなので，単語が見つかったら即交代とするべし！

子どもたちは熱中して取り組みます

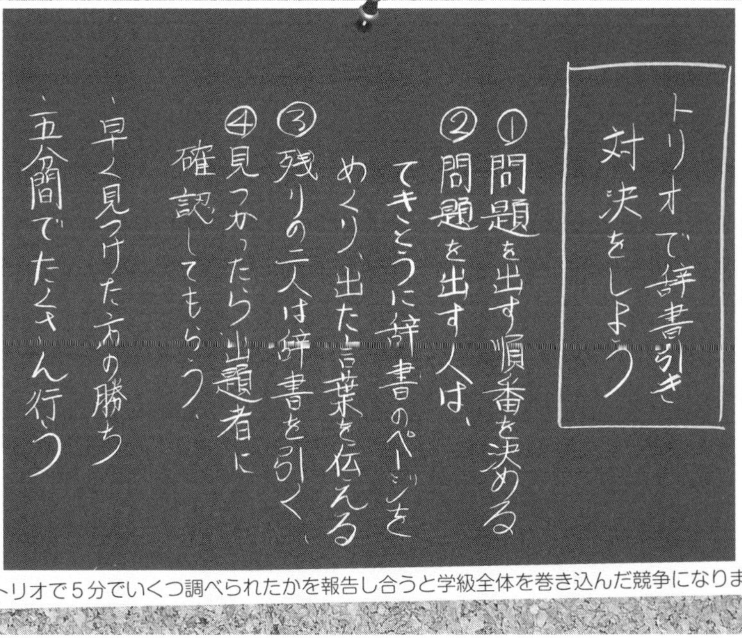
トリオで辞書引き
対決をしよう
①問題を出す順番を決める
②問題を出す人は、
てきとうに辞書のページを
めくり、出た言葉を伝える
③残りの二人は辞書を引く、
④見つかったら出題者に
確認してもらう、
・早く見つけた方の勝ち
・五分間でたくさん行う

トリオで５分でいくつ調べられたかを報告し合うと学級全体を巻き込んだ競争になります

辞書

低学年　中学年　高学年

国語辞典の早引き競争をしよう！

ねらい

国語辞典を使って目的の言葉を素早く引くことができるようにする。

活動の概要

友だちと楽しく競争しながら，国語辞典を早く引くことができるようになる活動です。

❶黒板に国語辞典で今から調べてもらう，お題となる言葉を書きます。
例えば「しげる（茂る）」と書きます。

❷教師の「スタート！」の合図とともに国語辞典を開き，調べ始めます。

❸お題となる言葉を見つけたら「ハイ！」と元気よく手をあげます。

❹手をあげた子どもに「1番！」「2番！」……「9番！」「10番！」と順位をつけていきます。

❺早く見つけることができた子どもは，国語辞典に書いてあった言葉の意味を音読します。

10番まで順位をつけ終わったら「そこまで！」と言い，まだ見つけることができなかった子どもは友だちの協力を得て見つけます。全員が調べ終わったらもう一度行います。3～5回繰り返すとよいでしょう。

（広山　隆行）

ポイント！

●順位をどこまでつけるかは児童数・学級の実態によって調整するべし！

●お題はその日に学習する単元の中から出題するべし！

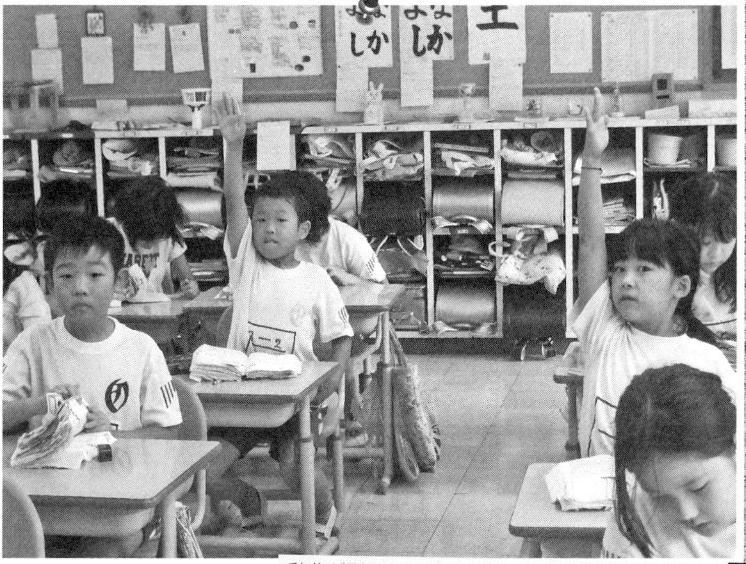

辞典が引けたら「ハイ！」と元気よく挙手します

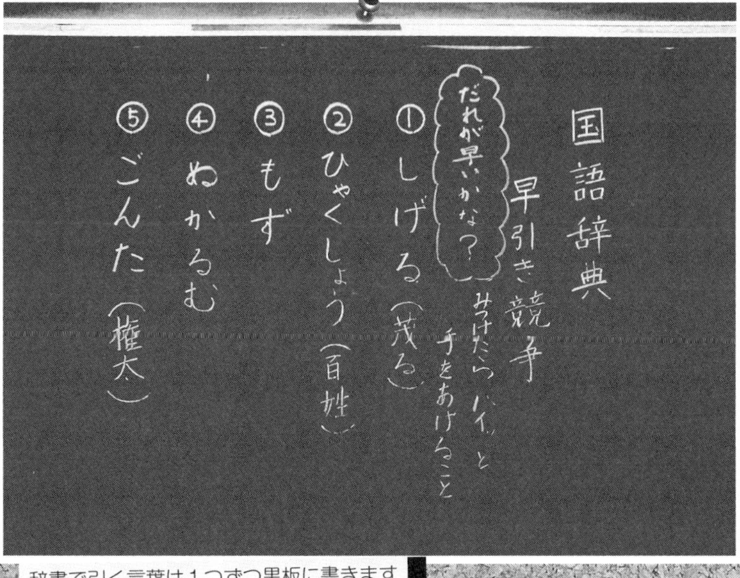

辞書で引く言葉は１つずつ黒板に書きます

インタビュー

低学年 中学年 高学年

おうむ返しで
詳しくインタビューしよう！

ねらい

質問やインタビューをする際，相手の言葉を復唱することで，詳しい説明を引き出すことができるようにする。

活動の概要

聞きたいことをインタビューして引き出す活動を行う際，詳しい説明を引き出す方法として「相手が言った言葉をおうむ返しする」ことがあります。話し手は自分が話したことに対して，聞き手がおうむ返しをすることで2つの感情をもつものです。1つは相手が興味を抱いてくれたのではないかという期待，もう1つは伝わっていないのではないかという不安です。そういった感情を抱いた話し手は，復唱された言葉に対して詳しい説明を行うのです。

やり方は次のように行います。2人で1組になり，「好きな○○」を具体的にしたテーマを決めます。話し手はまず好きなものを話し，次にその様子や好きな理由を話します。そうしたら，聞き手は様子や理由の中で気になった言葉を，語尾を上げて復唱します。「自分の好きなスポーツはサッカーです。小学1年のときからクラブに入っています」「小学1年？」「そう，1年生から。週に2回練習があります」といったやりとりになります。

お互い体験してみたら，実際のインタビューで活用していきましょう。

（小林　康宏）

ポイント！

●目上の相手にはおうむ返しの後「ですか？」をつけることも教えるべし！

おうむ返しをされると，詳しい説明が自然に始まります

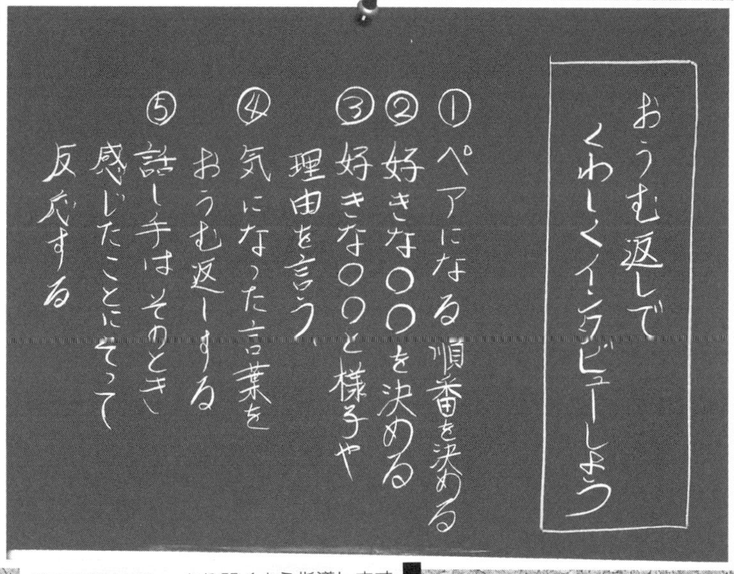
おうむ返しで
くわしくインタビューしよう
①ペアになる 順番を決める
②好きな○○を決める
③好きな○○と様子や
理由を言う
④気になった言葉を
おうむ返しする
⑤話し手はそのとき
感じたことにそって
反応する

様子や理由をしっかり聞くよう指導します

インタビュー

低学年 中学年 高学年

「私はだれでしょう」クイズで質問力を鍛えよう！

ねらい

クイズの出題者が何になりきっているのかを探る，質問と答えのやりとりを通して，目的に迫る質問ができるようにする。

活動の概要

この活動は，質問の力を鍛える学習ゲームです。

まず，１人に１枚ずつ子どもにホワイトボードを配付します。ない場合は，紙でも構いません。

次に，学級全体で「食べ物」「スポーツ」「歴史上の人物」などのお題を決めます。

そして，出題者はお題に合ったものの名前を１つ書きます。このとき，みんなが知っているものを書かせるようにします。回答者は，出題者が何の名前を書いたのかを見ないで，質問を使って情報を聞き出し，答えを予想します。出題者は，質問に「はい」「いいえ」で答えます。

「それは，○○ですか？」

という答えの確認も１回の質問とみなします。できる質問の回数を10回以内などと決めて，限られた数の質問の内容を工夫するようにさせます。

最後に，予想した答えを，全員がボードに書いて答え合わせをします。

（菊地　南央）

ポイント！

●前の人の質問につなげて，候補を絞る質問を考えさせるべし！

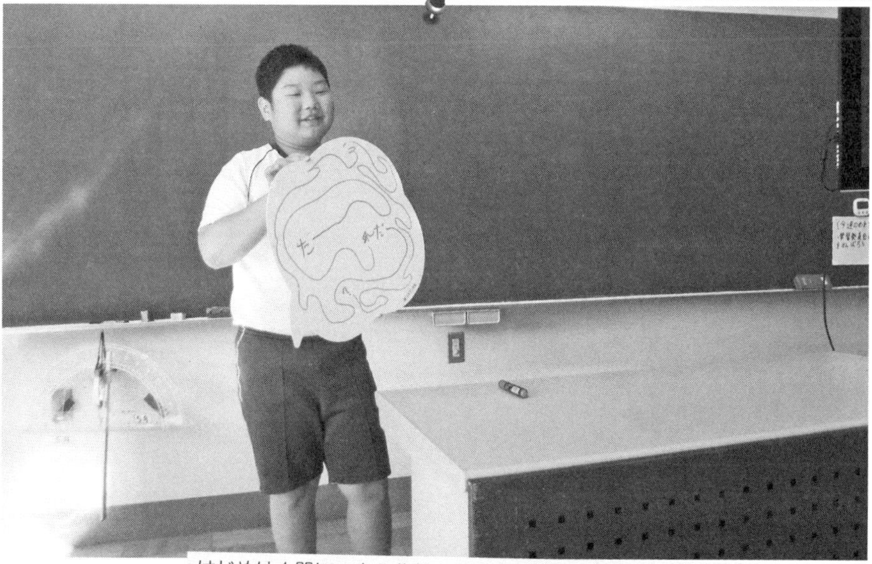

はじめは１問につき５分程度かかりますが，慣れると時間が短くなります

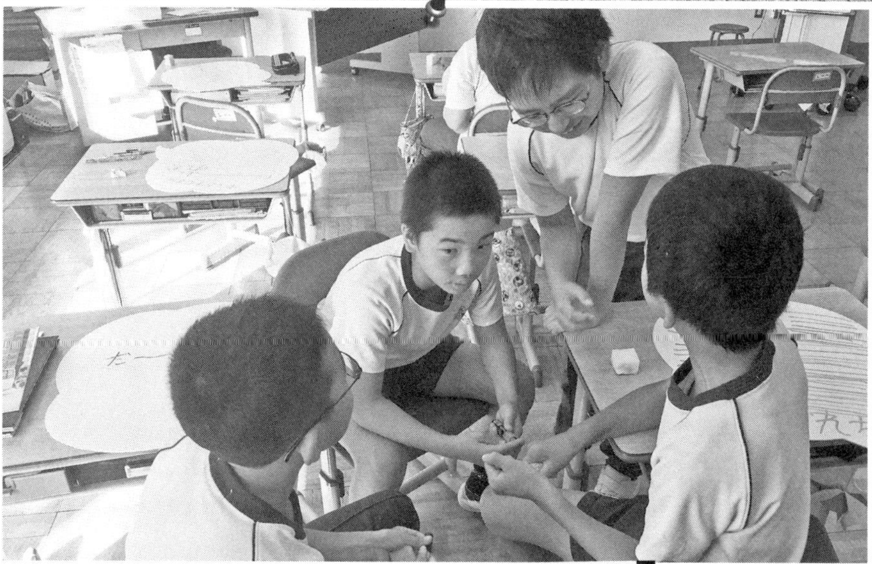

５回目の質問の後に相談タイムを設けると協力して質問を考えます

インタビュー

低 学年　中 学年　高 学年

私の背中の動物は何？

ねらい

　自分の背中に貼ってある動物の名前を，友だちとの質疑応答を通して予想する活動を通して，目的に迫る質問をできるようにする。

活動の概要

　楽しく，多くの友だちとかかわりながら質問力を高めるゲームです。

　まず，子どもでも知っている動物のイラストと名前が書かれたカードを，１人１枚選びます。それを，相手に見えないように隣の友だちの背中に貼ります。そして，貼られた子は自分の背中の動物の名前を，友だちへの質問を通して予想します。質問に答える人は，「はい」「いいえ」「わかりません」しか言えません。なので，以下のように質問を工夫する必要があります。

　「私は，陸の上で生活しますか？」

　「私は，日本にもいますか？」

　１人の相手にできる質問は１つだけで，相手を変えながら質問をしていきます。自分の背中に貼られた動物の名前が予想できた人は，教師のところに行って答え合わせをし，当たれば合格，外れたらまた友だちに質問しに行きます。

　動物だけでなく，くだものや日用品でも行うことができます。

（菊地　南央）

ポイント！

●より早く答えにたどり着く質問の仕方や内容を考えさせるべし！

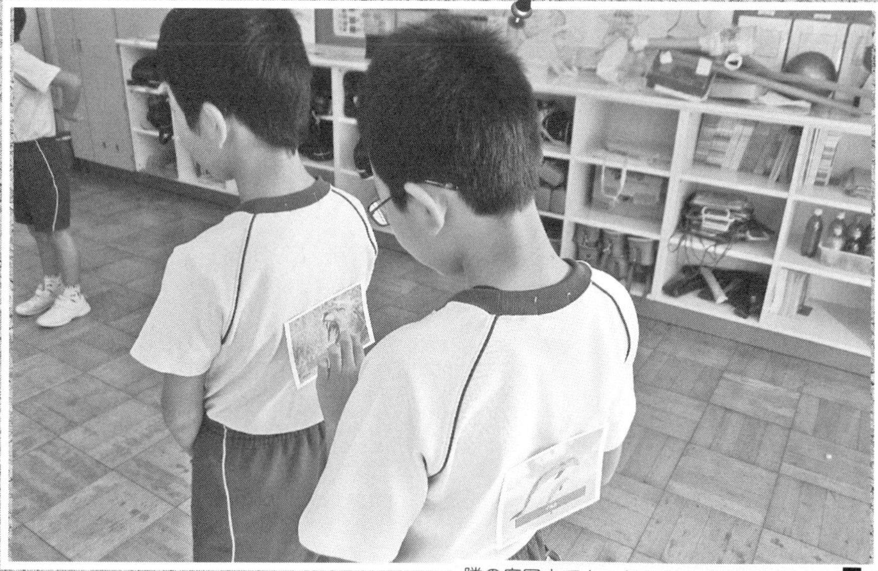

隣の席同士でカードを背中に貼り合います

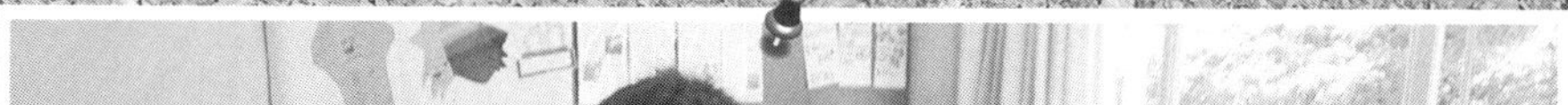

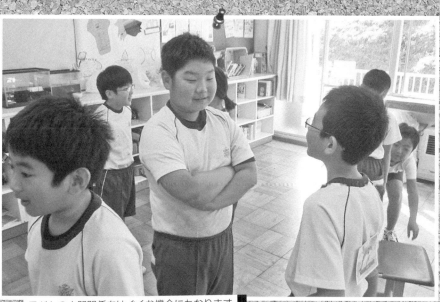

子どもの人間関係をはぐくむ機会にもなります

インタビュー

低学年　中学年　高学年

ほしい情報をどんどん聞き出そう！

ねらい

相手がだれなのかインタビューを通して探っていく活動を通して，必要な情報を選択し，相手から聞き出すことができるようにする。

活動の概要

予め考えておいた内容をインタビューするのではなく，その場で必要な情報を考え，相手がだれなのかインタビューを通して探っていく活動です。

まず，インタビューする人，インタビューされる人，メモする人，と役割を決めます。インタビューされる人は，インタビュー中は何かになりきります。例えば，「動物」というテーマを学級で共有し，何かの動物になりきって質問に答えます。くじ引きでなりきるものを決めてもよいでしょう。

インタビューの制限時間を設定することで，時間内に必要な情報を聞き出すために，子どもたちは質問内容を取捨選択していきます。相手の答えを受けて，さらに深く追究したり，他の質問に切り替えたりと，子どもたちは考えながらインタビューしていきます。また，メモをする役を設けることで，必要なことを短く記録する意識も生まれます。

必要な情報は何かを考えながらインタビューすることで，情報を受けて考えたり，選択したりする意識が高まっていきます。

（渡部　雅憲）

ポイント！

●時間制限を設けクイズ形式にすることで，楽しんで取り組ませるべし！

インタビューする人，インタビューされる人，メモする人，に役割を分けます

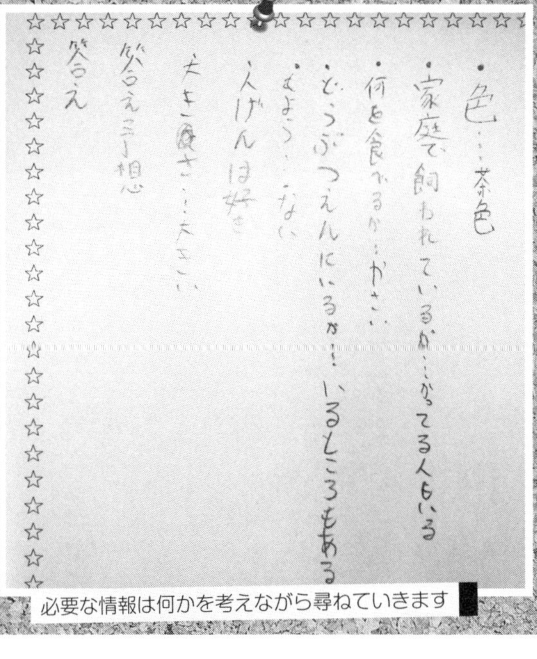

必要な情報は何かを考えながら尋ねていきます

スピーチ

低学年　中学年　高学年

グルメリポーターになろう！

ねらい

食べ物の様子を描写することを通して，五感を使ったり，比喩やオノマトペを使ったりした表現ができるようになる。

活動の概要

子どもたちの描写力を豊かにするための活動は，子どもにとって身近で楽しい題材で，TV 番組で見て活動のモデルとなるものがあると取り組みやすくなります。そこでおすすめしたいのが，グルメリポーターになって食リポをする，という活動です。

朝の会で，日直２人が学級全員の前で行います。まず質問役の子が「昨日の夕飯は何を食べましたか？」と聞き，リポーター役の子が「カレーです」など食べたものを答えます。次に質問役の子が「どんな味でしたか？」と尋ね，「とても辛かったです」など大まかに答えます。さらに質問役が「もう少し詳しく言うとどんな感じでしたか？」と尋ね，リポーター役の子はオノマトペや比喩を使って「とても辛くて水を飲んでも口の中がヒリヒリして，まるで口の中が火事になったようでした」と答えます。最後に質問役の子が「ぼくのうちはいつも甘口のカレーなので，たまには辛いのも食べてみたいです」など簡単に感想を述べます。

（小林　康宏）

ポイント！

● 「まるで…のよう」といった比喩の表現を指導するべし！

2人ペアで学級全員の前で行います

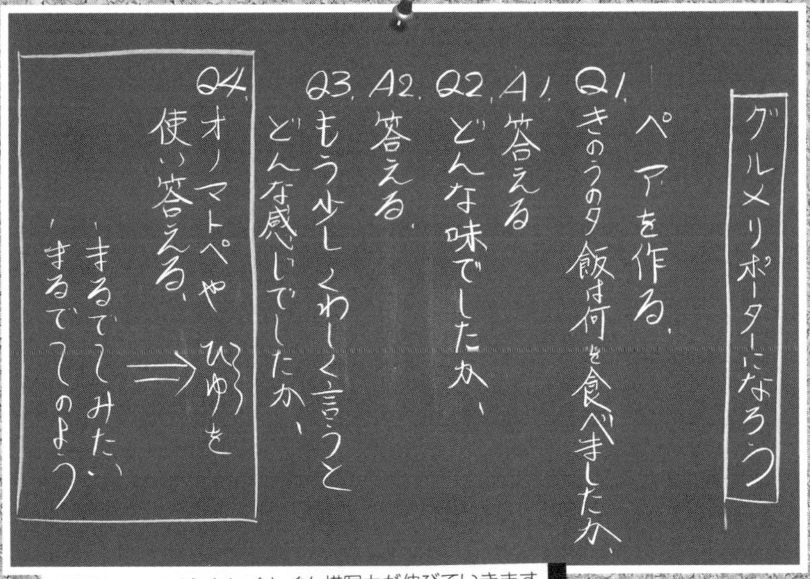

毎日続けていくうちにぐんぐん描写力が伸びていきます

目線のビームで「うわー！」

ねらい

スピーチをする際に，聞き手全体に目線を向けることの大切さを実感させる。

活動の概要

スピーチをする際，子どもには目線を聞き手全体に向けることを指導します。しかし，口頭で「目線を聞き手に向けなさい」と言ったところで，なかなかうまくできるようになりません。目線というものは，目には見えないものなので，子どもたちに実感を伴った理解が生まれにくいからです。

そこで，「目線のビーム」という活動を取り入れます。

目力《めぢから》を込めて，目線を聞き手に向けます。そして，10秒以内で目が合った子に「うわー！」と声を出して顔を伏せさせます。顔を伏せられたら，目線のビームが届いたということです。

このように，「目線のビーム」という活動を通じて，学級全体に目線を配ることのハードルが下がり，話し手側に「聞き手をしっかりと見て話そう」という雰囲気ができていきます。最初は教師が手本を行うと，教室の空気も活発になり，「ぼくもやってみたい！」「わたしもやってみたい！」という子が出てくることでしょう。

（藤原　隆博）

ポイント！

●目線が届いたことを可視化させて，話し手の意識を高めるべし！

まずは教師が手本となって，「目線のビーム」を出します

「うわー！」という声とともに，子どもたちが顔を伏せていきます

スピーチ

低学年　中学年　高学年

黙って熱唱，なんの歌か当てま SHOW！

ねらい

姿勢や口形に注意して伝える力，ジェスチャーで伝えられる情報を読み取る力を高める。

活動の概要

ジェスチャーを応用した言語活動です。姿勢や口形に注意して伝える力，またジェスチャーで伝えられる情報を読み取る力を高めることができます。

歌う側は，クラスの友だちがだれでも知っている歌（校歌や，音楽委員会の決めている今月の歌，子どもたちの間で流行している歌等）を，声を出さず，身振り手振りや口の動きだけで表現します。

実際に歌わなくてよいので，歌が苦手な子でも人前で歌うことほどハードルが高くありません。

ジェスチャーをして，伝われば伝わるほど，友だちにわかってもらえることの喜びを実感することができるでしょう。

最初に教師が手本を見せ，子どもに当ててもらいます。教師が黙って熱唱すればするほど，教室は活発な雰囲気になり，参加意欲が高まります。「次は私がやりたい！」という子どもが出てきたら，すぐに交代しましょう。

ジェスチャーを見て，1分以内で正解を言う班対抗戦もおすすめです。

（藤原　隆博）

ポイント！

●身振り手振りだけでなく，口の動きでも表現させるべし！

身振り手振りや口の動きで表現します

熱唱すればするほど参加意欲が高まります

スピーチ

低学年 中学年 高学年

お題に合わせて推薦スピーチをしよう！

ねらい

カードに書かれたお題を推薦する活動を通して，相手を納得させるスピーチのコツを身につけることができるようになる。

活動の概要

高学年になると，何かを決めるために必要となる「推薦」。そんな推薦を楽しみながら体験できる「推薦ゲーム」があります。

３人で１グループをつくり，２人の推薦者と判定者の役に分かれます。

３人の真ん中に何枚かの推薦カードを裏返して置き，１枚ずつめくりながらカードに書かれたお題について１分間推薦内容を考えます。そして，推薦者が交互に推薦スピーチを行い，判定者は２人の推薦内容を聞いてより納得できたのはどちらか判定します。

この活動を単なるゲームで終わらないようにするには，推薦のコツを押さえる時間がプラスで必要になります。２つの推薦内容を比較したり，納得できた推薦に共通する部分を取り上げたりすることで，推薦のコツを学級全体で共有します。

このように，ゲームを通して楽しみながらスピーチの質を高めていくことを通して，日常の生活場面でも生きて働く技能が身についていきます。

（中尾　聡志）

ポイント！

●推薦のコツを押さえる時間をプラスαで確保するべし！

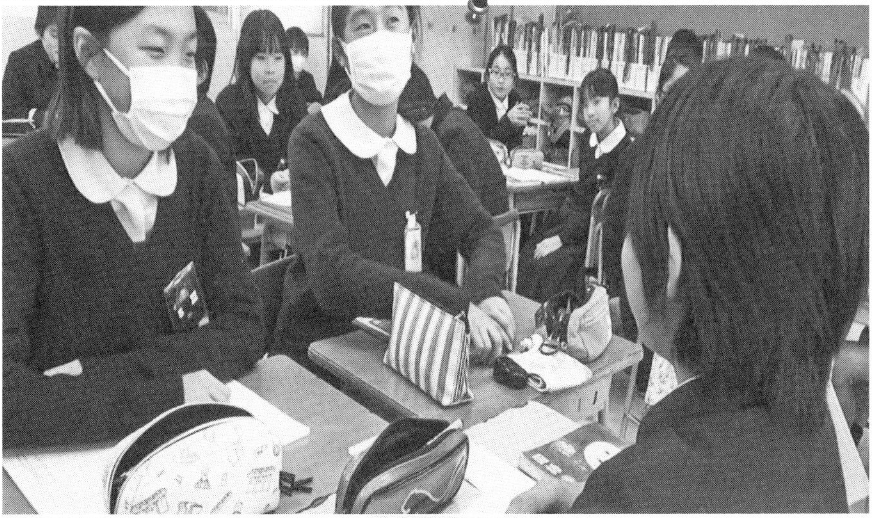

判定者がより納得できたのはどちらかを決めます

卒業する六年生に贈るにふさわしい一文字の漢字をすいせんする。

休日に家族みんなで楽しめるお出かけの行き先をすいせんする。

三学期の楽しみ会でやるレクリエーションの内容をすいせんする。

学級の素敵さが伝わるように、音楽会で歌いたい曲をすいせんする。

本が好きになるために読んでおくとよいおすすめの本をすいせんする。

自分の学級の中から活発に活動できる生活委員会委員長をすいせんする。

家族みんなが喜ぶ献立となるよう、夕食に食べたいものを親にすいせんする。

学級をよりよくしてくれそうな学級委員長をすいせんする。

炒め方を身につけられるように、調理実習でつくるとよい料理をすいせんする。

尊敬される六年生になるために、今しておいた方がよいことをすいせんする。

学級の実態に合った推薦内容にすると活動が活性化します

話し合い

低学年 中学年 高学年

ペア活動で楽しく話すことに慣れよう！

ねらい

ペアでお題に沿った言葉をたくさん集めることを通して，ペア活動に慣れ，学ぶ意欲の高まりにつなげる。

活動の概要

学期始めから，お題に沿ったペアトークを行い，話すことに慣れさせようと考える先生は多いと思います。しかし，それ以前の問題として，ペアでの活動自体に慣れていないという場合があります。そこで，「言葉を集める」という少し低いハードルを設定すると，どの子も取り組みやすくなります。

以下が活動の流れです。

❶先生がお題を示す（３文字の言葉，赤いもの，○偏の漢字が入った言葉，など。最初は，「○文字の言葉」でやると簡単）。
❷ペアで交互に当てはまる言葉を言っていく（数もカウント）。
❸１分間で何個言えたか確認する。
❹同じお題で３日間行い，数を増やすことをねらう。

また，交互に言っていくのですが「言えない場合のパス」も認めるようにします。ペアも，隣同士だけでなく前後で行ったり，教室内を移動して組ませたりするなど，バリエーションをもたせていくとよいでしょう。

（弥延　浩史）

ポイント！

●まずは活動のハードルを下げることで，ペア活動に慣れさせるべし！

お題に関する言葉をペアで交互に言っていきます

1分間でどのくらいの言葉を集めることができたか数えます

低学年 中学年 高学年

コンセンサス・ゲームをしよう！

ねらい

グループで合意を意識しながら話し合うことによって，自分の意見の理由を明確にしたり，相手の考えを受け入れたりできるようにする。

活動の概要

このゲームは，出されたお題についてグループでコンセンサス（合意）を得られるように話し合う中で，最も納得できる理由を決めるゲームです。

例えば「お弁当に入れるおかずNo.1は何か」というお題が出ます。子どもたちはそれぞれの理由を述べながら話し合い，グループとしての合意を形成していきます。

時間になったら全体で聞き合い，どのグループの理由が一番「なるほど」と思ったか挙手します。

お題は，No.1決めだけでなく，選択や順位づけをするのも盛り上がります。

- ●給食のメニューNo.1は何か。（No.1決め）
- ●温泉の中に1つ持って行くとしたら，石けん，シャンプー，リンス，タオルのどれか。（選択）
- ●運動会でダンス，徒走，リレー，団技をどの順でしたいか。（順位づけ）

（比江嶋　哲）

ポイント！

- ●グループで合意を形成できるように話し合いを進めさせるべし！
- ●友だちの意見を受け入れる態度を意識させるべし！

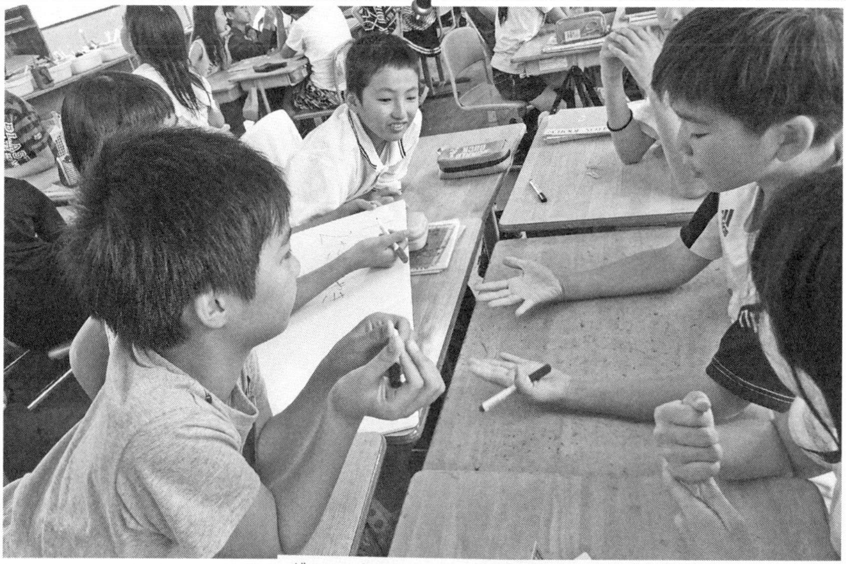

グループで合意を形成できるように話し合いを進めます

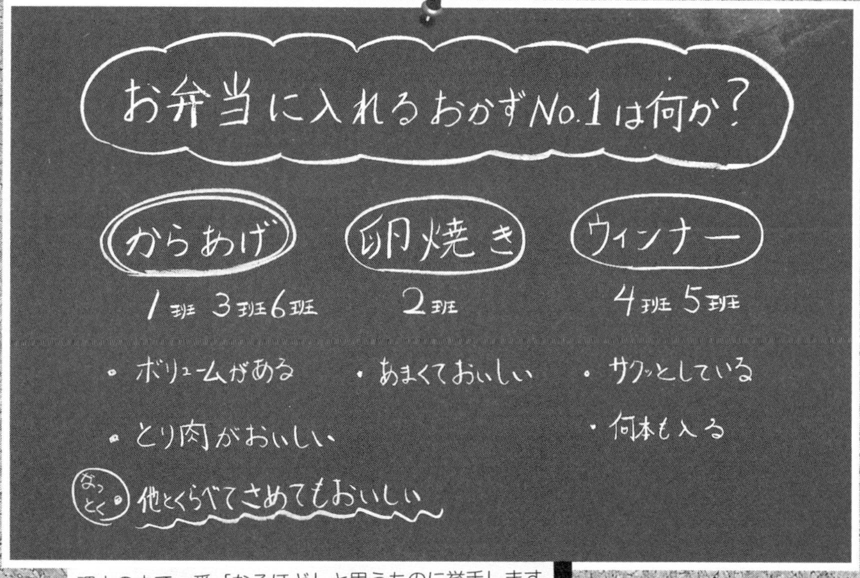

理由の中で一番「なるほど」と思うものに挙手します

話し合い

低学年 中学年 高学年

同じ根拠なのに考えが違うのはなぜ？

ねらい

同じ根拠を基にしているのに考えが違う場面で，考えの理由を検討する活動を通して，考えの背景にある理由に着目できるようにする。

活動の概要

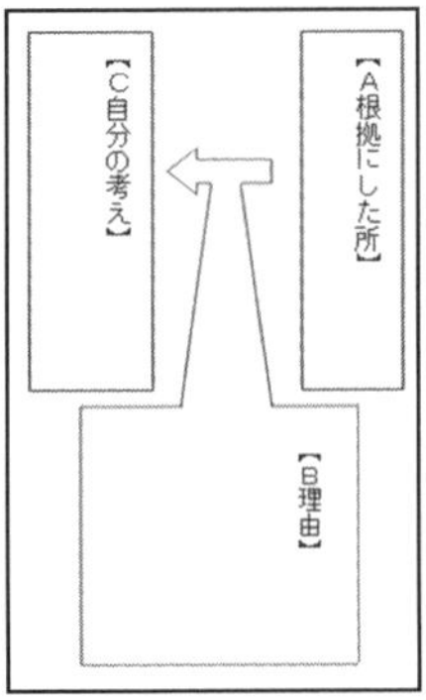

物語の登場人物の心情などを話し合う際，本文中の同じ言葉や文を根拠として議論しても，子どもによって考えが違い，議論が並行線になる。そんな経験はないでしょうか。それは，子どもたちの考えの「理由」がそれぞれ違うからです。そこで，この活動を通して，考えの背景にある理由に着目して話し合いができるようにしていきます。

右ページの写真のように，同じ根拠で考えが違う２人の例を示し，背景にどんな理由があるのかを考えさせます。ただ１つの答えがあるわけではないので，何を言ってもよいと伝え，どんどん出させるのがコツです。

このようにして理由に着目する習慣をつけていくと，実際の話し合いの際にも「どうしてそう考えたの？」と建設的な議論ができるようになっていきます。

（相澤　勇弥）

ポイント！

●考えの背景にある理由に着目させるべし！

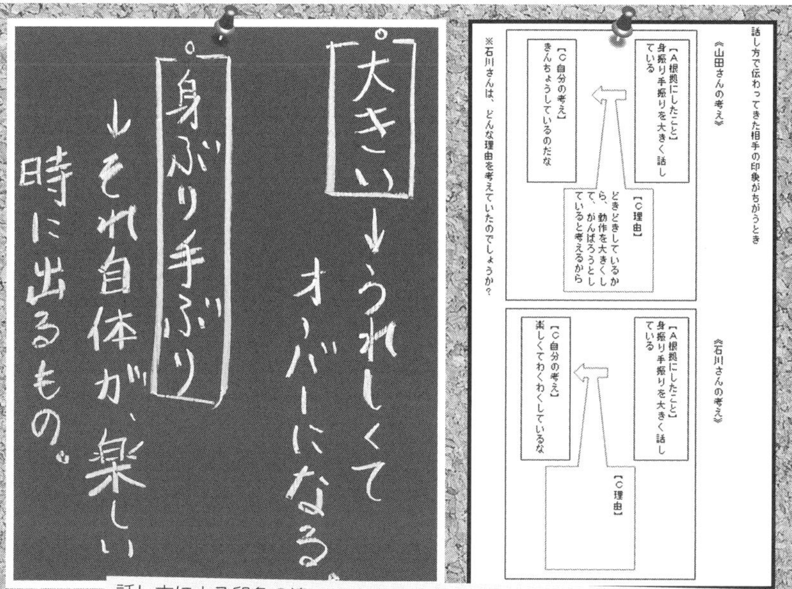

話し方による印象の違いについて，考えの違いの背景にある理由を探ります

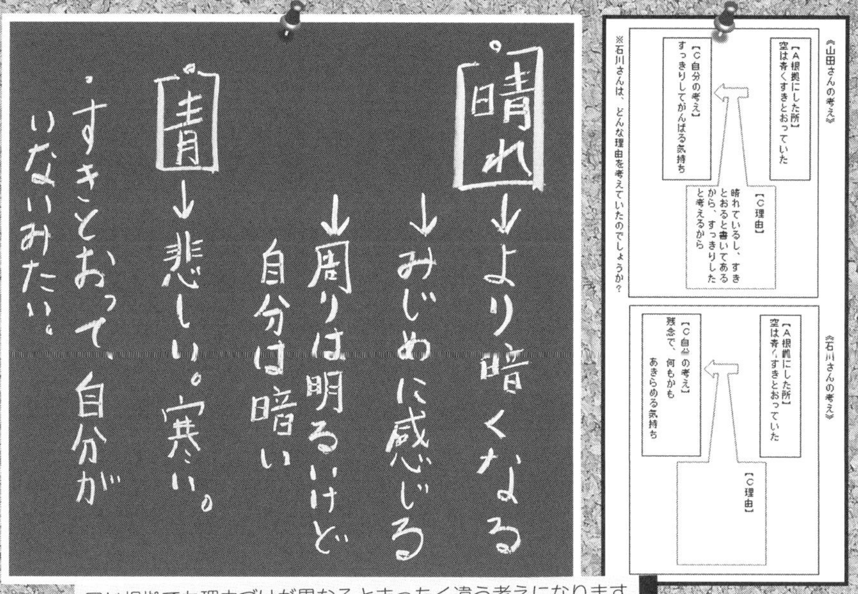

同じ根拠でも理由づけが異なるとまったく違う考えになります

低学年 中学年 高学年

指折りトークをしよう！

ねらい

指を折りながら，話をする順序と当てはまる内容を整理することで，わかりやすさを意識しながら対話することができるようにする。

活動の概要

話し合いの前に自分の意見を書かせたり立ち位置を示したりさせると，それだけで時間がかかってしまいます。かといって，何も用意しないまま話し合いをさせると，深まりもなくあっという間に終わってしまいます。そこで考えた方法が，お手軽に論理を組み立てながら話せる「指折り」です。

❶話し合うテーマを聞く。
❷じゃんけんで話す順番を決める。
❸先に話す子どもが指を折りながら自分の意見を述べる。
❹質問に答える形で後に話す子どもが指を折りながら自分の意見を述べる。

指を折る順番は，以下のような普段作文を書くときの段落構成に対応させます。

１本目「自分の意見」　２本目「理由１」　３本目「理由２」
４本目「まとめ」　５本目「相手への質問」

互いに意見を述べた後はフリートークにするのもよいでしょう。

（宍戸　寛昌）

ポイント！

●指を折るひと手間で過不足ない対話を実現させるべし！

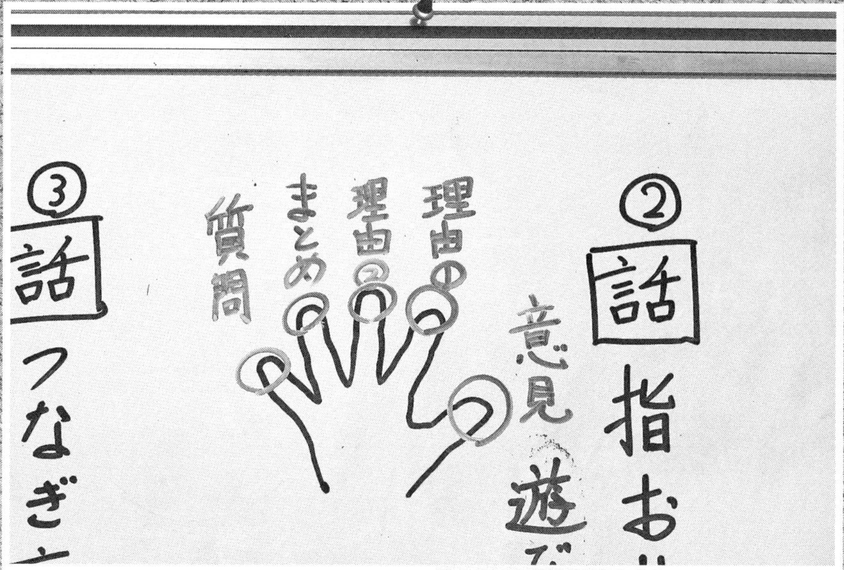

それぞれの指と段落構成を対応させます

折っている指がマーキングになり，何を話せばよいかを忘れることがありません

話し合い

低学年　中学年　高学年

残そう！　クラスの言葉遺産

ねらい

授業の話し合いの中で生まれた子どものよい発言を「言葉遺産」として掲示することで，学級全体で共有する。

活動の概要

「さっきの国語の話し合いで心に残った意見はある？」

「○○くんが，自分のお母さんが『早く起きなさい』って言うのと似ているって話していたのがおもしろかった」

「うん，うん。ぼくも，○○くんの話が心に残った」

「では，○○くんの意見をクラスの言葉遺産に認定してもいいですか？」

「賛成！」「いえ～い！」

このように，授業の話し合いの中で行われたよい発言を，「言葉遺産」として認定し，教室背面に掲示していきます。

言葉遺産に認定する発言は，おおよそ次のように分類できます。

❶「なるほど」「うんうん」「だったら…」など発言への反応に関するもの
❷「どういうこと？」「具体的に言うと？」など質問の仕方に関するもの
❸自分の体験を重ねて具体的に述べるなど，内容面で独創的なもの（上の例は❸に該当）

（山本　真司）

ポイント！

● 子どもの望ましいかかわり方のイメージをもち，価値づけるべし！

望ましい反応の仕方や質問の仕方，独創的な意見を学級の財産としていきます

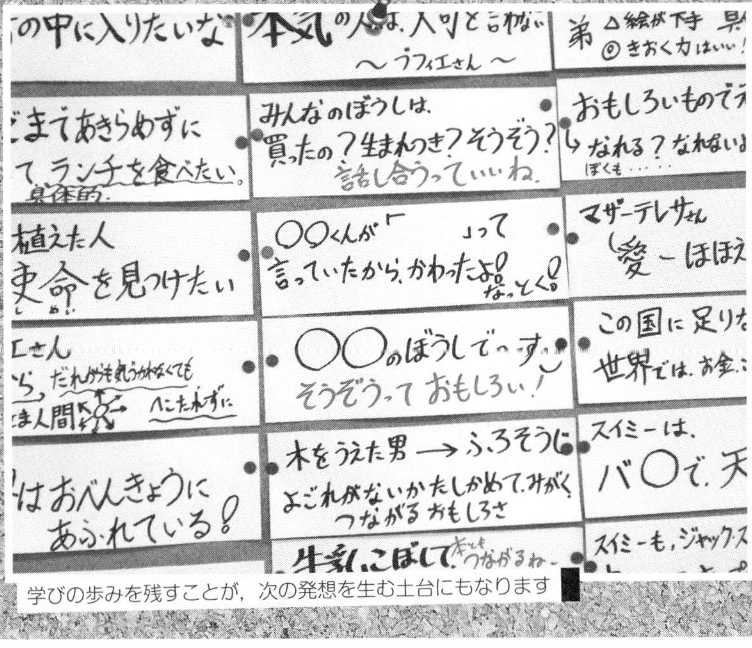

学びの歩みを残すことが，次の発想を生む土台にもなります

低学年　中学年　高学年

しりとり作文をグループで書こう！

ねらい

条件に合った語句を作文に使用することを通して，言葉には様子や気持ちを表す効果があることを楽しく理解できるようにする。

活動の概要

しりとりをしたことがある子は多くても，しりとりで作文を書いたり，グループで話し合って作文を書いたりする経験がある子はあまりいません。

しりとり作文は，語尾に使用した言葉を次の一文の始まりにして書く，創作の要素も含んだ言語活動です。条件に合った語句を駆使する力を身につけ，言葉には様子や気持ちを表す効果があることを理解することができます。

例えば，「ある日，ひぐまの親子が，森を歩きました。たこ焼きや，やきいもを探しました。たちまち，ちくわとところてんが，がちょうのえさになって，手に入らなくなってしまいました。…」など，例文を提示し，しりとり作文のルールを確認します。制限時間は３分。班で知恵を絞って，しりとりになっている語句の分だけ，ポイントが集まることとします。最もたくさんの語句をつないだ班の優勝です。

このように，条件に合った語句を用いる力を養うことで，言葉には様子や気持ちを表す効果があることを理解することができます。

（藤原　隆博）

ポイント！

●しりとり作文を班でつくって，作文や語句の活用を楽しませるべし！

しりとりが続くように，グループで協力しながら考えます

「きょうしつで，でんわがなって，ていでんになっちゃって，てんきが…」

低学年 中学年 高学年

究極の○○を表現しよう！

ねらい

興味をひかれる言葉や，比喩をはじめとする形容の方法を選んだりしながら，おもしろいと思わせる文を書くことができるようにする。

活動の概要

文を書く際，読み手を意識した表現の工夫をさせるためには，意識せざるを得ない環境をつくることが近道になります。「テーマのおもしろさ」「匿名性」「投票制」の３つを生かした言語活動でその環境をつくりましょう。

❶１人１枚ずつ付箋をもらい，テーマを聞く。テーマは子どもが楽しく取り組むことができるものを選ぶ。例えば「究極に美味しいラーメンとは？」「究極に足の速いＦ君の走る様子は？」など。

❷付箋に文章（一文）を書き，無記名のままポストに入れる。

❸教師が読み上げながら予選を行い，４～５作品に絞る（５分間で実施するためにここをスピーディに進める）。

❹絞られた中から最もおもしろい表現をしていると思う文章に一票を投じる。

❺それぞれの文章の作者名を知る。

無記名での作品発表のため，教室での普段の関係性が結果に反映されず，おもしろい文章の意外な作者に驚くこと間違いなしです。

（宍戸　寛昌）

ポイント！

●他者を楽しませる文を書く喜びを全員に体験させるべし！

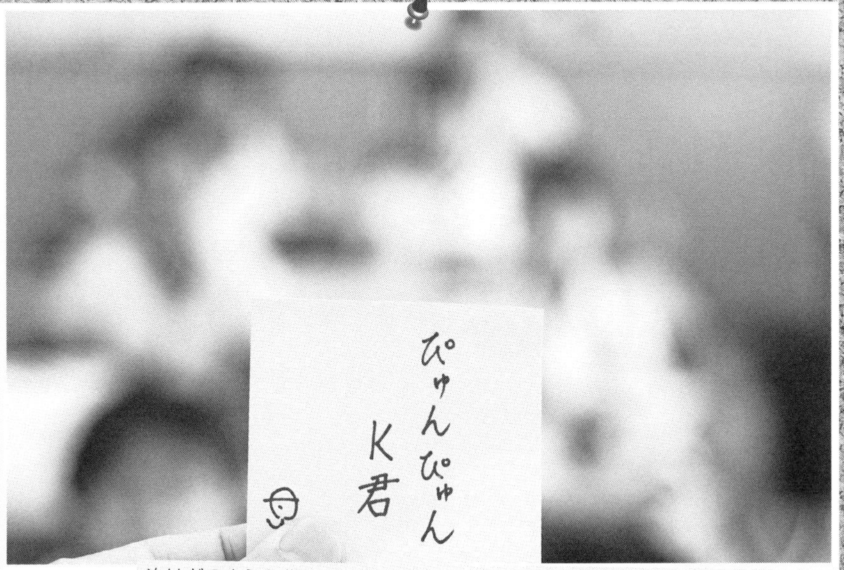
ぴゅんぴゅん
K君

次はどのような作品が読み上げられるのか，発表の瞬間には注目が集まります

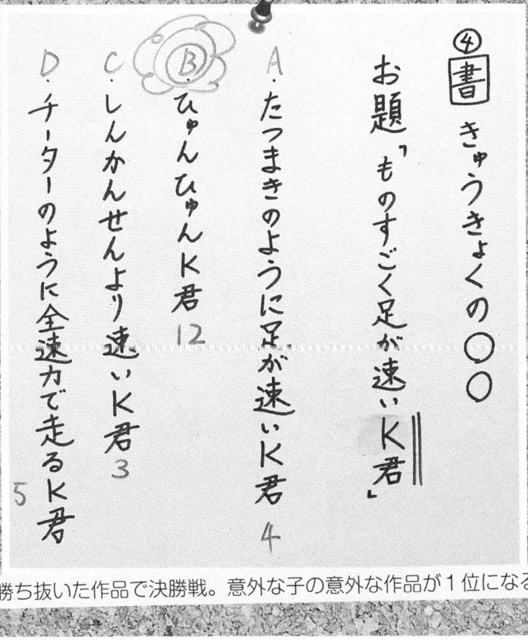
④書
きゅうきょくの○○
お題「ものすごく足が速いK君」
A.たつまきのように足が速いK君 4
B.ひゅんひゅんK君 12
C.しんかんせんより速いK君 3
D.チーターのように全速力で走るK君 5

予選を勝ち抜いた作品で決勝戦。意外な子の意外な作品が１位になることも

低学年　中学年　高学年

1人で3人の賢者になろう！

ねらい

3つの客観的な視点から自分の文章を読み，批判的に見直すことで，文章を推敲することに対する苦手意識を克服させる。

活動の概要

作文の推敲が苦手な子は少なくありません。一度書き終えた文章を見直すのは面倒ですし，他者から間違いを指摘されるのもおもしろくありません。そこで，自分の目を他者の目にして作文を見つめ直させるのはどうでしょう。

❶文章を書く。

❷自分の書いた文章を他者の視点で読み直し，意見を付箋に書く。

赤の付箋…厳しい友だちの視点

青の付箋…共感してくれる優しい友だちの視点

黄の付箋…新しいアイデアを生み出すおもしろい友だちの視点

❸付箋に書かれた意見を参考に，もう一度文章を書く。

否定は一番簡単な批判なのでしょう。子どもはまず赤の付箋にたっぷりと悪いところを書きます。反対に青や黄の付箋は書きづらいので「アイデアマンの○○君だったら，どう言ってくれると思う？」のように，具体的な人物をイメージできるようにしてあげるのがコツです。

（宍戸　寛昌）

ポイント！

●他人になりきって，自分の文章に厳しいダメ出しをさせるべし！

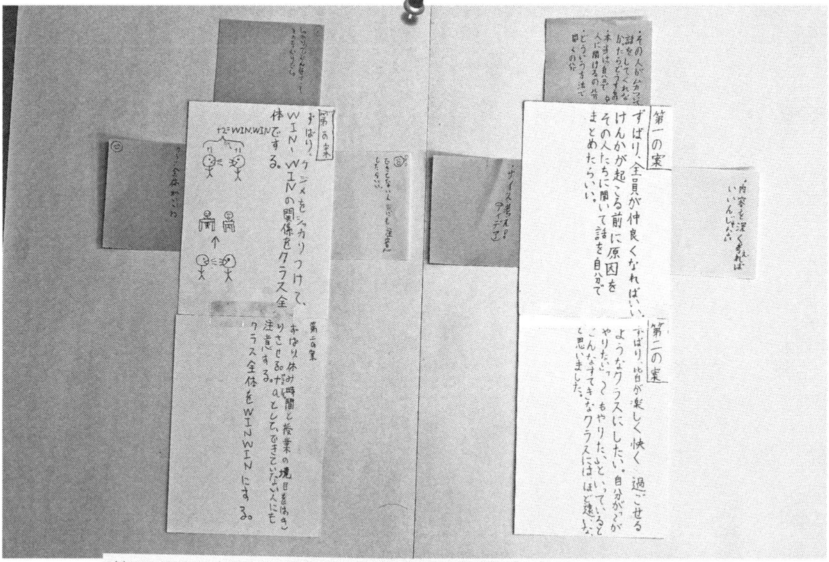

第一の案（上段）に３色の付箋で意見を書き，第二の案（下段）に推敲しています

第二の案にさらに自分で突っ込みを入れて書き直す姿も生まれます

作文・日記

低学年　中学年　高学年

比喩を使いこなして短作文を書こう！

ねらい

提示した具体物についての比喩を用いた短作文をつくることを通して，表現力を豊かにする。

活動の概要

比喩表現を考えることは，事物を多面的にとらえ，本質を知ることにつながります。また，豊かな表現方法の１つとして身につけさせたいレトリックであるとともに，子どもにとって楽しい言葉遊びでもあります。

具体物を提示し，比喩を使って短作文で表現をさせます。はじめのうちは自由に取り組ませますが，直喩・暗喩・擬人法について教え，次第に指定して書かせるようにします。

●直喩……「○○のような」「まるで○○」の言葉を使うたとえ方。

●暗喩……「○○のような」の言葉を使わないたとえ方。

●擬人法…人ではないものを人のように言うたとえ方。

短作文で書かせることによって，その後の作文表現の中でも比喩が活用されやすくなってきます。優れた内容の作品は，学級通信等で紹介していきましょう。意欲が喚起されるとともに，表現力の育成を大切にしているという教師のスタンスがおうちの人にも伝わります。

（大江　雅之）

ポイント！

●短作文で表現させて，比喩の積極的な活用につなげるべし！

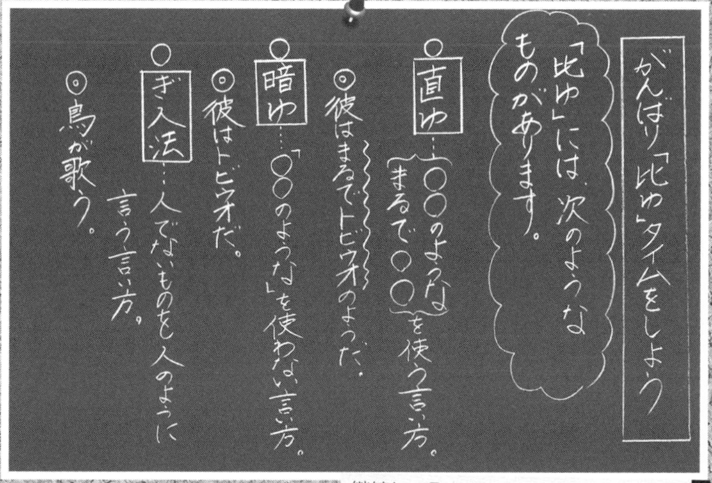

継続して取り組み言語感覚を磨きます

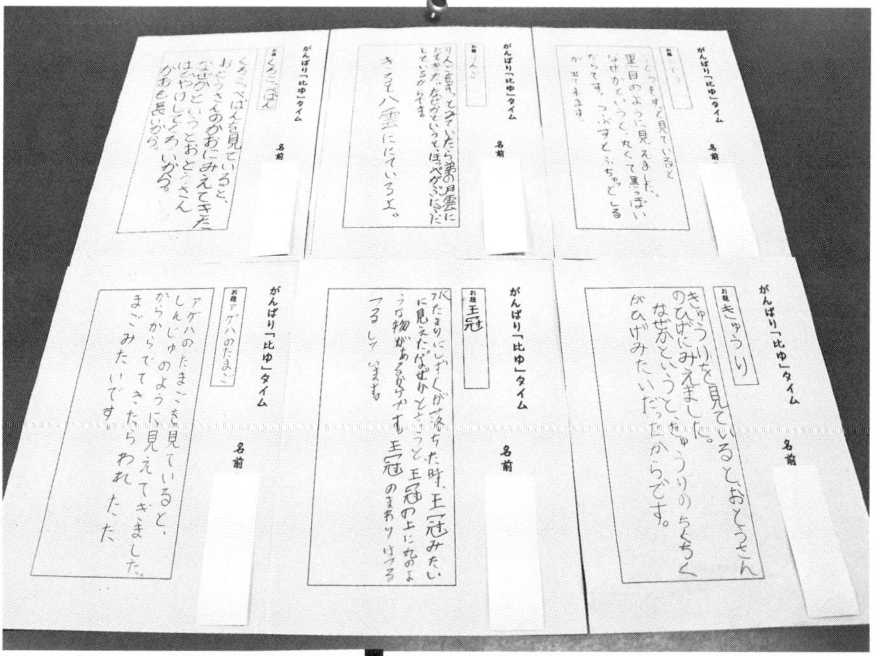

短作文で表現させることがポイント

作文・日記

低学年 中学年 高学年

「おおきくはやく」で日記はバッチリ！

ねらい

日記の内容の方向性を定めさせる場面を設定することによって，自身の思いが表れた日記を書くことができるようにする。

活動の概要

日記指導を，日々の書く活動や学級経営の柱として取り組まれている教室も多いと思います。しかし，日記の題材を決める段階から「何を書けばいいのだろう」と途方に暮れている子どももいるかもしれません。そこで，日記の題材を全体で見つけさせ，内容の方向性を定める活動を短時間で行います。

お…おもしろかったこと
お…おどろいたこと
き…きれいだったこと
く…くやしかったこと
は…はじめて知ったこと
や…やさしい気持ちになれたこと
く…くわしく書きたいこと

上の頭文字をとって「おおきくはやく」です。これを日記を書く際の合言葉にします。内容の方向性が定まれば，日記を書くはじめの段階でつまずくことはありません。生活や出来事をしっかりと見つめ，自分の心がどう動いたのかを表す，価値のある日記を書かせましょう。

（大江　雅之）

ポイント！

●出来事の羅列ではない，心の動きを日記に表現させるべし！

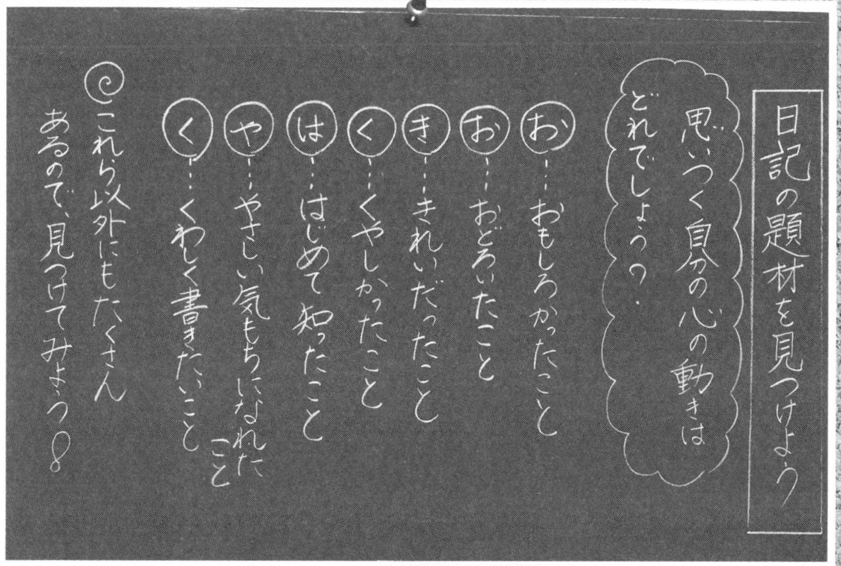

短時間の事前指導で内容がグンと充実します

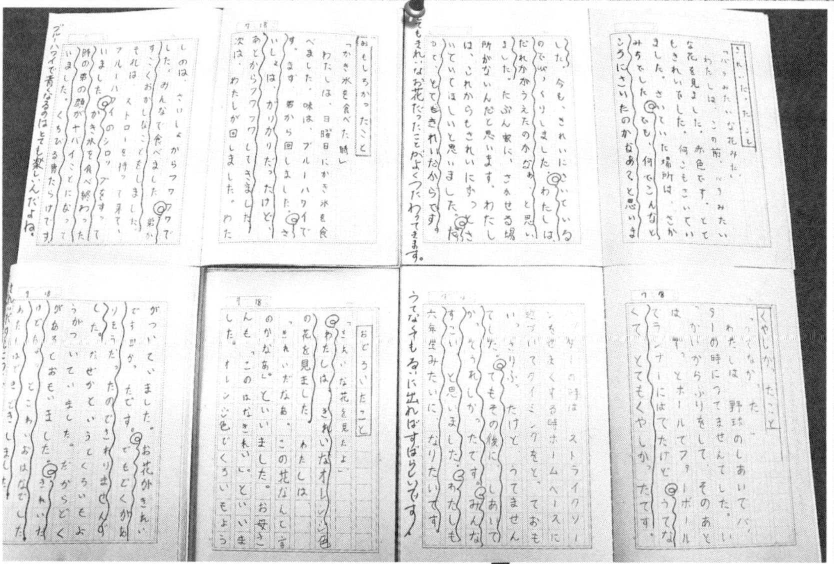

日記の中身が焦点化され，深い内容が表れてきます

物語・説明文

低学年　中学年　高学年

まちがい文と比較しよう！

ねらい

まちがい文と教材文を比較することで，本時に着目する言葉と考え方を知ることができるようにする。

活動の概要

「兵十からうなぎをとったときのごんの様子を読み取ろう」といった学習課題を設定したら，授業で使う見方・考え方を設定し，追究の見通しをもちます。しかし，追究の見通しをもつまでに時間がかかってしまう場合が多くあります。少しでも短時間で見方・考え方を設定できれば，その後たくさん活動する時間がとれます。そこで，短時間で見方・考え方を設定する方法として，間違った教材文を示し，本当の教材文と比較します。

まず，教材研究の中で，この授業で着目する言葉を決めます。例えば「修飾語」と決めたら，「ぽんぽん投げこみました」の「ぽんぽん」を抜いた一文を板書し，修飾語がある場合とない場合の印象を比較します。すると，修飾語があることによって，兵十が苦労してとった魚をごんが無造作に川に投げ入れている様子がわかります。このようにして見方・考え方の効果と方法がわかったら「修飾語がある場合とない場合とを比べよう」という見通しを示して追究に入ります。

（小林　康宏）

ポイント！

●本時の場面で多く出てくる言葉を１つ見つけ，取り上げるべし！

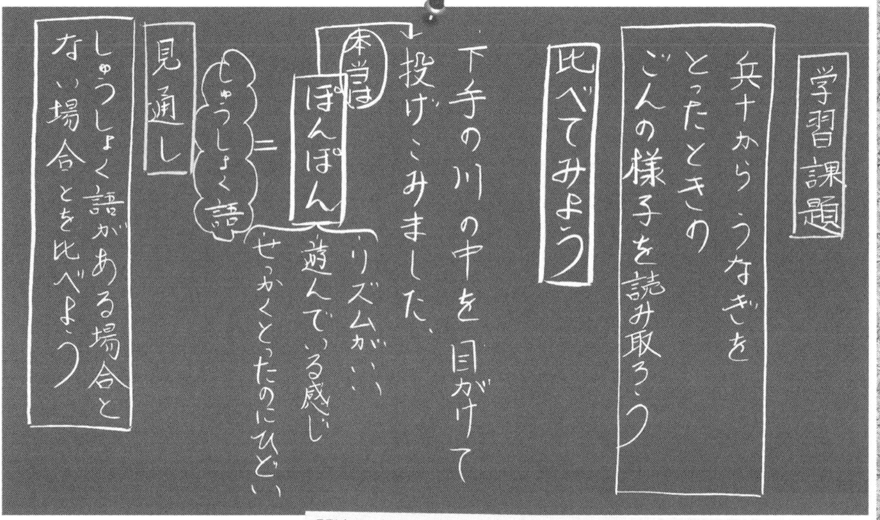

間違い文との比較で見方と考え方をしっかりつかませます

個人追究がどんどん進みます

物語・説明文

低学年 中学年 高学年

自分と人物を比べて，オリジナルな意見を述べよう！

ねらい

物語の人物と自分を比べて文章を読み，自分だけの理由をつけて意見を述べさせる。

活動の概要

物語などを読み取る際に，人物像や気持ちについて考えると，例えば「優しい」などの言葉に全員が同意し，落ち着いてしまいがちです。それでは，意見の相違が生まれず，話し合いも活発になりません。この活動では，人物と自分を比べることで一人ひとりオリジナリティあふれる理由づけをしていく活動です。

物語や昔話など，子どもたちが共通の題材から人物像や心情を読み取ります。その際，「自分でも…してしまう」「自分だったら，…しない」といったように，自分の経験や生活と比べさせます。自分と比べることでオリジナルの理由づけがされるわけです。例えば，「優しい」という意見は同じでも，そのように考えた理由に相違が生まれます。様々な授業で行われる話し合いを活発にしていくきっかけの１つとなる，自己の意見・理由の考え方を，この活動を通して学習していきます。既習の教材文や子どもが好きなアニメキャラクターを題材にしても盛り上がります。

（渡部　雅憲）

ポイント！

●行動に着目するなど，自分と比べる視点を絞らせるべし！

かずおさんは、十一才の五年生です。ある日、学校で飼育委員の仕事であるウサギの世話をしていると、友達のまりこさんが困っています。困っているまりこさんを見て、かずおさんは仕事をやめて、まりこさんから、話を聞きました。まりこさんは、

「昨日、家の前の空き地にネコが捨てられていたの。かわいそうだったから、家で飼いたいってお願いしたけど、うちはだめって言われちゃったの。今も空き地にいたままで、かわいそう。」

かずおさんは、飼育委員の仕事を忘れるほど、まりこさんの話に耳をかたむけていました。かずおさんは、

「たしかに、かわいそうだね。今日、ぼくもいっしょに様子を見に行くよ。」

と言って、楽しみにしていたサッカーに行くのをやめて、ネコの様子を見にいくことにしました。

登場人物（かずおさん）の人物像を問います

・自分だったら、困っている友達を仕事をやめてまで話を聞かないし、せめて仕事をやりながら話を聞くと思うからやさしい。
・自分だったら、仕事を忘れるほど友達の話に耳をかたむけないからやさしい。
・自分だったら、楽しみにしていたことをやめてまで行かないし、それが終わってからいくからやさしい。
・自分も、友達が悲しそうな顔をしていたら、はげましてあげると思うのでやさしい。

自分だったらサッカーに行くのをやめてまで、ネコの様子を見に行かない。でもサッカーに行くのをやめてまで行ったかずおさんはやさしいと思った。

自分だったら、仕事を最初に終わらせてから話を聞くのに、かずおさんは仕事をやめていったのですごいと思います。
自分だったら、大好きなサッカーをやめてまでねこを見にいかないので、かずおさんはやさしい。

同じ「優しい」という人物像でも，自分と比べることで様々な理由があがります

物語・説明文

低学年 中学年 高学年

友だちの疑問について ペアで意見交流しよう！

ねらい

子どもたちから出された疑問の中で，物語文を深く読むために大切な疑問を取り上げ，短時間で全員に意見を交流させる。

活動の概要

物語文の学習で，子どもたちから物語を深く読むための疑問が出されているのに，授業の中でなかなかしっかり話し合うことができない，ということはないでしょうか。

例えば，「きつねのおきゃくさま」（教育出版教科書２年上）で，「いや，まだいるぞ。きつねがいるぞ」ときつねがおおかみに立ち向かっていく場面がありますが，「どうしてきつねは自分よりも強いおおかみと戦ったのだろうか？」という疑問が子どもたちから出されました。しかし，学級全体で話し合いをすると，発言の機会はごく一部の子どもに限られてしまいます。そこで「ペアで意見を交流しよう」と投げかけ，５分間程度の時間をとるようにします。

このように，ペアで意見交流をする時間を設ければ，全員に発言の機会を保障することができ，その後の授業展開においても，子どもの発言が活発になること間違いなしです。

（長屋　樹廣）

ポイント！

●子どもから出された疑問についてペアで意見を交流させるべし！

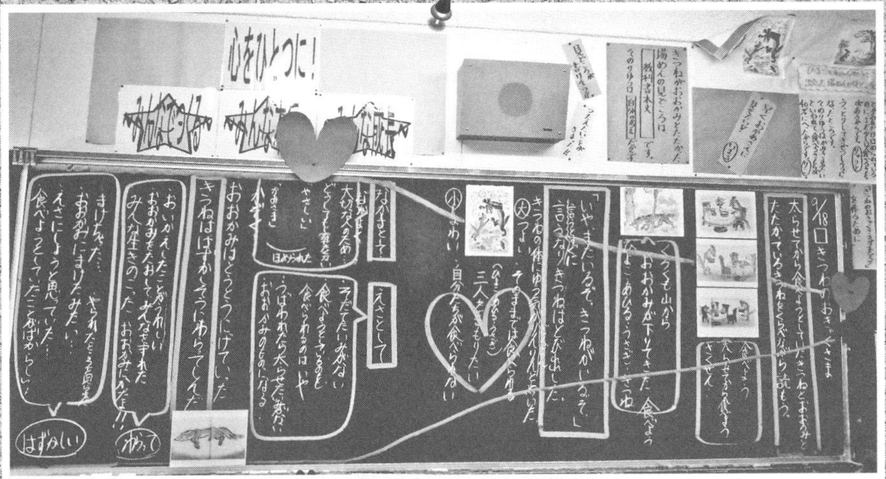

板書でさらに話し合いたいところの共有を図ります

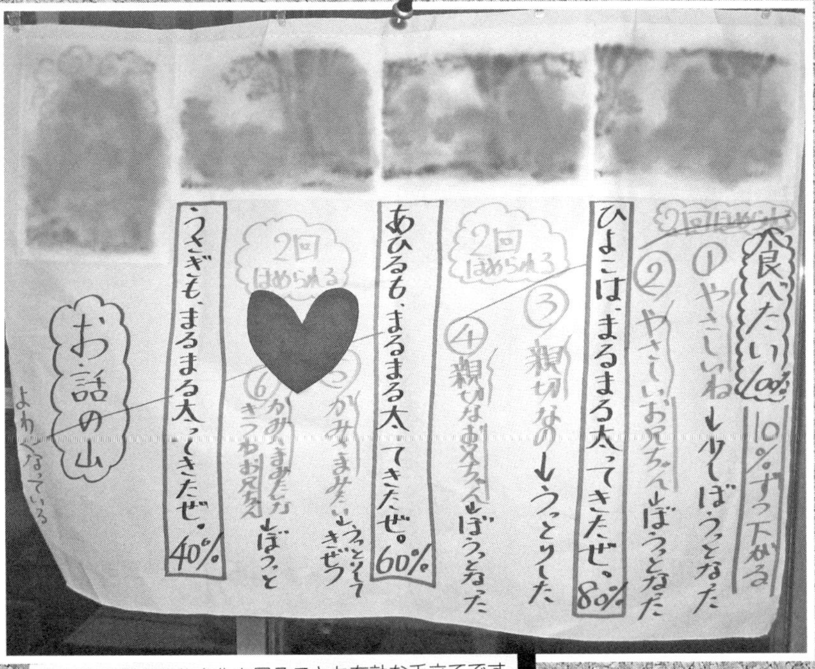

掲示物で論点の焦点化を図ることも有効な手立てです

物語・説明文

低学年　中学年　高学年

この人，どんな人？

ねらい

ある人の人物像を考え，交流し合うことを通して，より深い人物像の分析ができるようにする。

活動の概要

物語文を読み深めるうえで，登場人物の人物像をとらえることはとても大切です。人物像は一面的ではなく多面的な性格をもっており，複数の要素が集まって１人の人物が描かれています。そのことに気づき，より深い人物像の分析ができるようになるための活動です。

まず，有名人（物語上の人物・歴史上の人物・話題の人物・アニメの登場人物等）を１人提示し，知っているかどうか確認します。全員が把握していたら，どんな人物なのかを３つ考えさせます。観点は，「この人物を知らない人にどんな人物なのかを教えるとしたら，どんなことを伝えるか」です。３つ考えてワークシートに記入したら，席から自由に動き回って友だち同士で紹介し合います。交流の中で人物像についての新しい気づきがあれば，記録させるようにします。

この交流を通して人物像は多面的であることがわかり，物語文の読みや創作の際に「人物設定」という観点が加わり，取組が生きてきます。

（大江　雅之）

ポイント！

●交流の時間を設けることで，人物像の多面性に気づかせるべし！

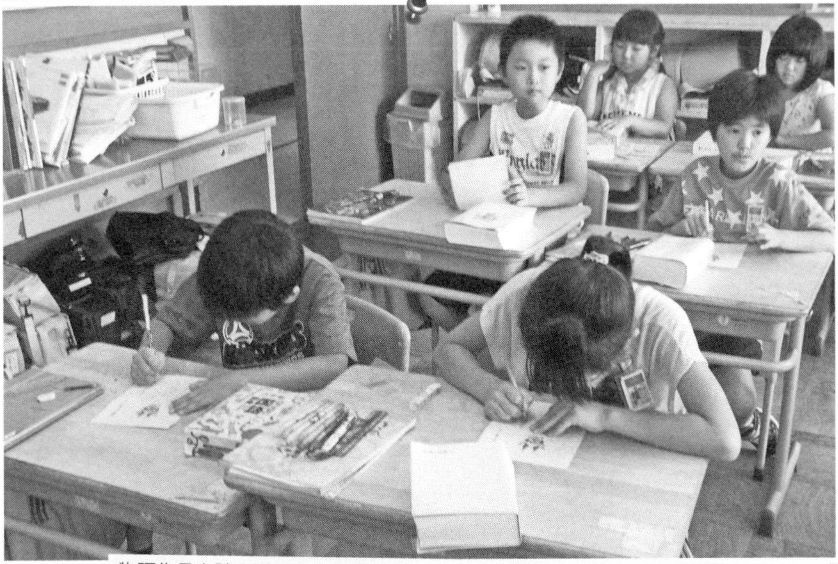

物語作品を読み深めるうえで登場人物の人物像をとらえることはとても大切です

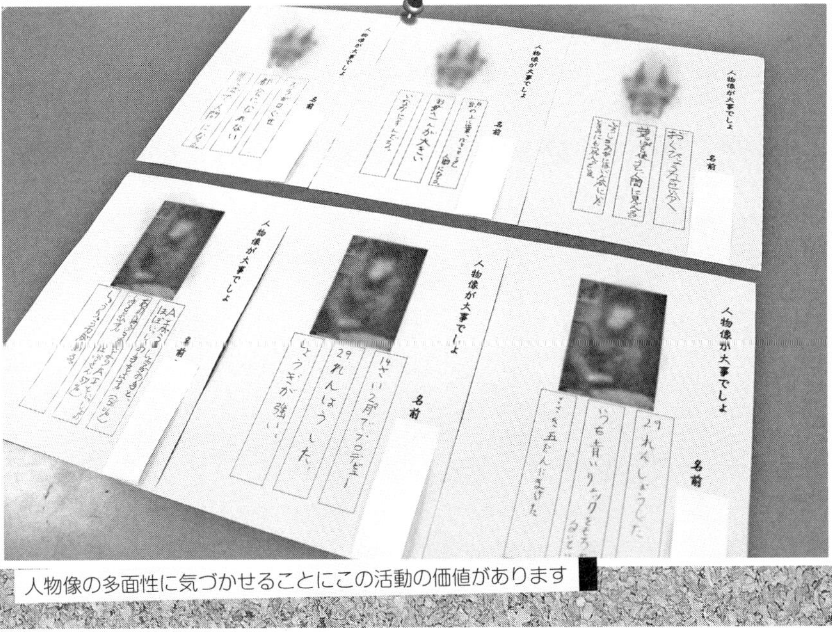

人物像の多面性に気づかせることにこの活動の価値があります

物語・説明文

低学年 中学年 高学年

説明文でペア交流しよう！

ねらい

ペアでの交流活動を通して，はっきりとした根拠をもって説明文を序論・本論・結論に分けられるようにする。

活動の概要

説明文の学習で，序論・本論・結論の構成をとらえることは重要です。

まず，序論には，「話題提示」「大きな問い」「はじめのまとめ」が記述されていて，結論には，「おわりのまとめ」「大きな答え」「筆者の考え・メッセージ」が記述されていることなどをとらえさせます。

そのうえで，説明文を序論・本論・結論に分けさせるのですが，「なぜそう分けたのか」をしっかりと考えることが重要なので，ここで５分程度の短時間ペア交流を入れます。

「ここに大きな問いがあるから○段落までが序論だね」

「ここに筆者の考え・メッセージが書かれているから，○段落から○段落までが結論だよ」

などとペアで交流することによって，その説明文の基本的な段落構成をしっかりととらえることができます。

この経験は，新しい説明文を学習する際にも生きてきます。

（長屋　樹廣）

ポイント！

●短時間で分け方の根拠に絞って考えを交流させるべし！

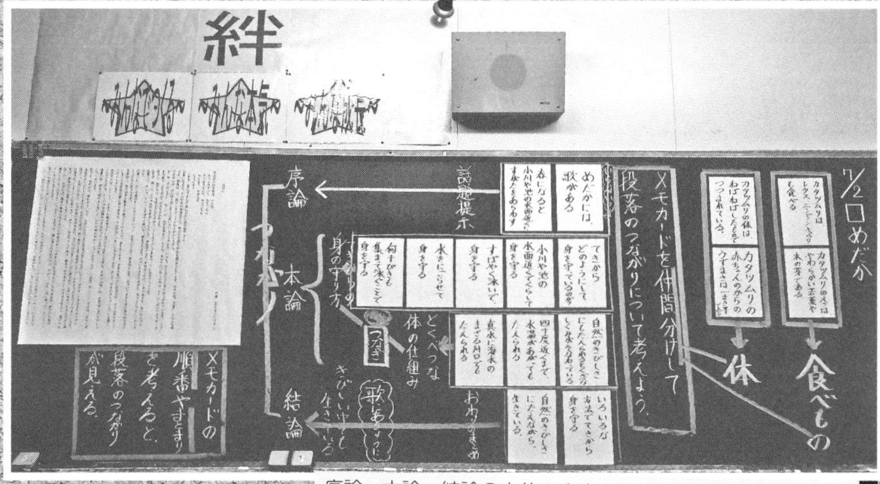

序論・本論・結論の大体の内容を考える時間に生かされます

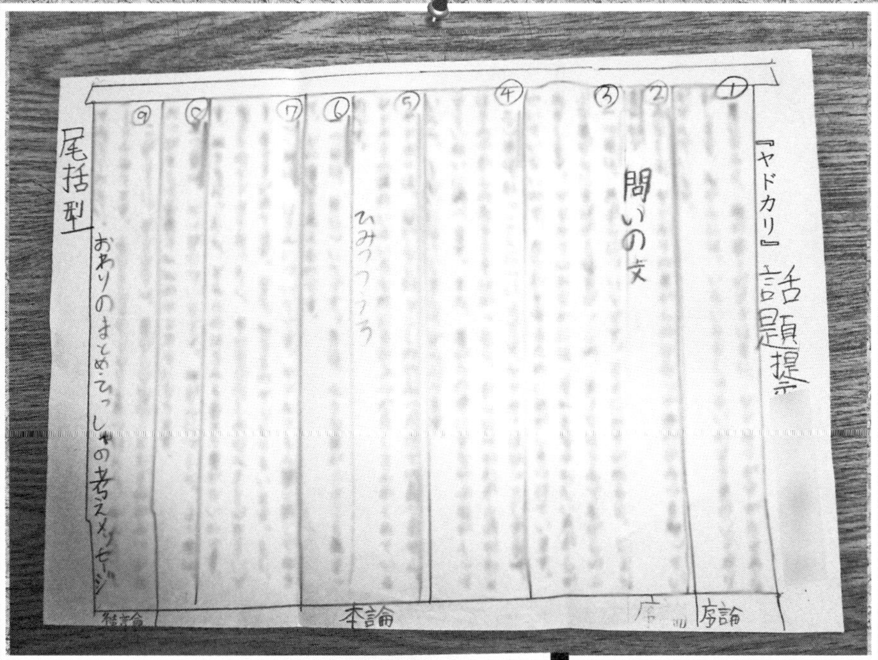

慣れてくると，自力でどんどん考えられるようになります

低学年 中学年 **高学年**

マイことわざをつくっちゃおう！

ねらい

自分の心に強く残ったことを伝えられるように，書き表し方を工夫することができる。

活動の概要

高学年になると，様々な故事やことわざに出合います。それらの言葉を，自分の生活に寄せた表現へと書き換えることで，自分の思いや心に強く残ったことをうまく表現する活動です。

以下のような例示をします。

ことわざ	マイことわざ	マイことわざの意味
時は金なり	時は金よりも大事なり	時間は，お金よりもはるかに大事だ
出る杭は打たれる	打たれる杭になっても出よう	人に何か言われても，前に出よう

このような例示を基に，マイことわざをつくります。つくったマイことわざは，短冊などに書かせて，学級全体に向けて発表したり，廊下に掲示したりします。

（藤原　隆博）

ポイント！

●ことわざ辞典を用意し，基にすることわざを吟味させるべし！

グループで相談しながら，基にすることわざを決めます

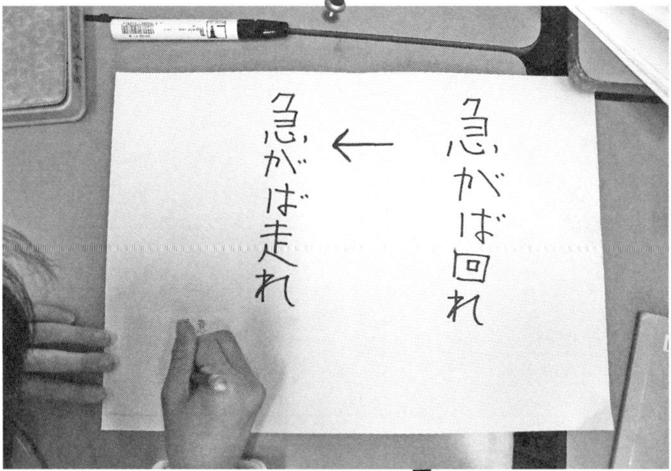

付箋にマイことわざの意味を書き添えます

低学年 中学年 高学年

3分で俳句を覚えよう！

ねらい

授業で学ぶ俳句をいろんな形で音読することにより，速く正確に暗記できるようにする。

活動の概要

俳句の学習をする際には，子どもたちにその句をしっかり覚えさせたいものです。俳句は言葉の数が少なく，リズムがよく，覚えやすいものです。そして何より，心の中に美しい言葉を溜めていくことができ，ふとしたときに，風景と俳句を重ねて味わうこともできます。

覚え方は次のようにします。まず，俳句を子どもたちに示し，どうやって読むか尋ねます。尋ねられることにより，子どもは正しい読み方に関心をもちます。次に正しい読み方を示します。その際，切れ目や抑揚も指導します。そして，教師の後に続けて全体で読みます。そうしたら，全員立ちます。1回目は黒板，2回目は廊下側，3回目は教室の後ろ，4回目は窓の方を向き，覚えることを意識しながら音読します。あちこち向くことで楽しく取り組めます。4回目以降は窓の方を向いて音読し，覚えたら座ります。座ったらおさらいをします。全員座ったら，もう一度全員立ち，隣同士で暗記のテストをします。2人とも合格だったら座り，座ったらおさらいします。

（小林　康宏）

ポイント！

●はじめの段階で正しい読み方や抑揚ははっきりと指導すべし！

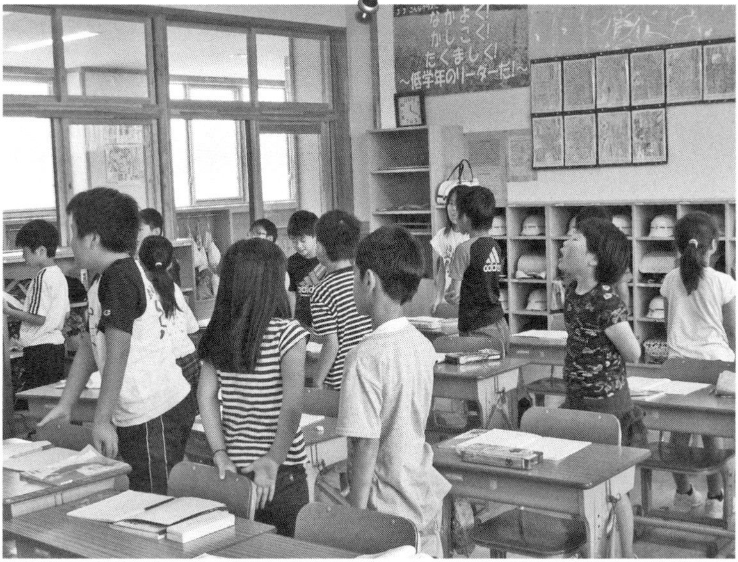

自分のペースで覚えていきます

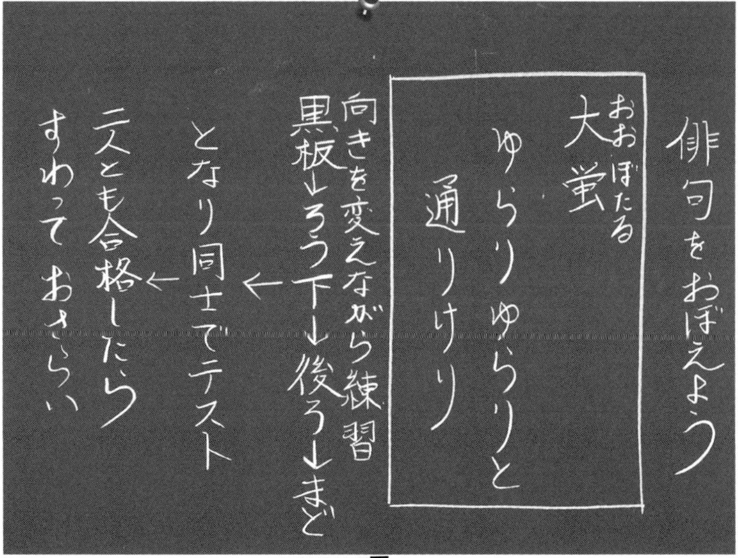

テストのときは板書した句を消します

短歌・俳句

低学年 中学年 高学年

□の中に入るのはどんな言葉？

ねらい

　空欄に入る言葉を考えることで，作品への興味をもたせるとともに，言葉を手がかりに推論する力を育てる。

活動の概要

　導入で，この時間に学習する作品に興味をしっかりもたせたいものです。そのために行うのが，空欄を設け，そこに入る言葉をみんなで考えるという短い活動です。俳句や短歌，詩など短い文章を扱う場合に適しています。

「古池や　蛙飛びこむ　水の音」（松尾芭蕉）を例に説明します。

　ここでは，「蛙」の部分を空欄にして示し「□の中にはどんな言葉が入るでしょう？」と子どもに問います。子どもたちからは，「カメ！」「石！」「金魚！」などいろいろな答えが出されます。「蛙！」という答えが子どもから出てきたら「正解，おみごと！」と称賛したうえで，なぜそう考えたのかを尋ねます。正解が子どもから出てこない場合は教師が正解を示したうえで，「なぜ『蛙』が入るのでしょうか？」と子どもたちに尋ねます。

　答えの理由を聞くのには意味があります。それは言葉を手がかりに推論する力を身につけさせるためです。さらに，言葉を手がかりに理由を考えることで，その後の追究への活動のつながりも生まれます。

（小林　康宏）

ポイント！

●空欄に入る言葉をたくさん想像させ，みんなで楽しむべし！

子どもたちは夢中になって言葉を探します

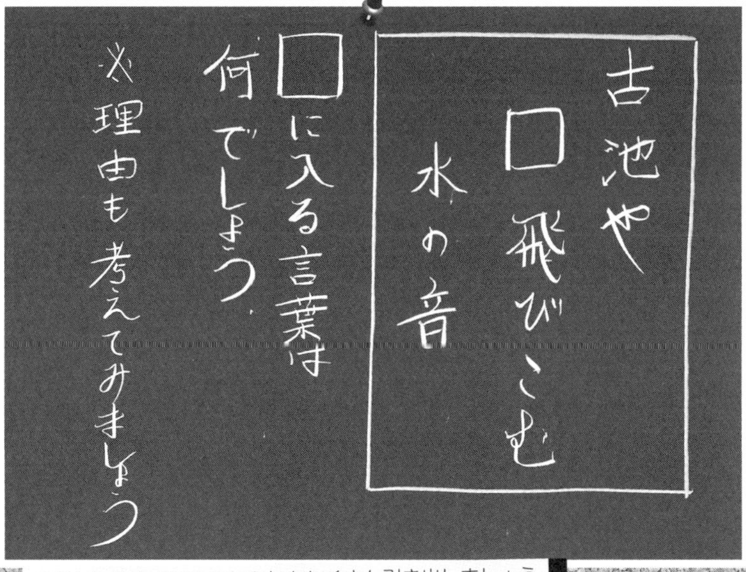
古池や
□飛びこむ
水の音
□に入る言葉は
何でしょう。
※理由も考えてみましょう

子どもたちの「こうかな？」をたくさん引き出しましょう

低学年 中学年 高学年

言葉の地図をつくって，ローマ字マスターになろう！

ねらい

ローマ字を楽しみながら書いていくことによって，ローマ字に親しみをもち，書き慣れることができるようにする。

活動の概要

ローマ字は，3年生で学習した後しばらく扱われなくなり，何かの折に，「しまった，子どもたちからローマ字が完全に抜けている！」なんて後悔することはないでしょうか。この活動は，すきま時間にいつでも行うことができるため，子どもたちが楽しみながらローマ字に親しみ，書き慣れることができます。

まず，用紙の中心にお題となる言葉を書きます（一斉に行うときは教師がお題を出し，そうでないときは子どもが自由に入れるというようにすればよいでしょう）。そして，そこから連想する言葉をどんどん拡げて「言葉の地図」のようにしていきます。また，用紙の裏面にはローマ字の一覧を印刷しておき，文字がわからなくなったときにいつでも見られるようにしておきます。

この用紙は，教室の棚などにストックし，テストが早く終わったときなどちょっとしたすきま時間にいつでも取り出して使えるようにします。

（弥延　浩史）

ポイント！

●手軽に取り組めるようにすることで，書き慣れることをねらうべし！

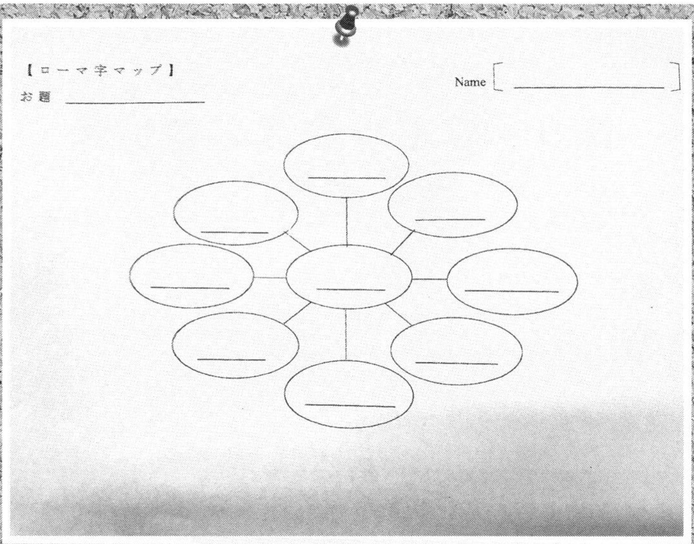

用紙の表面。裏面にはローマ字の一覧を載せています

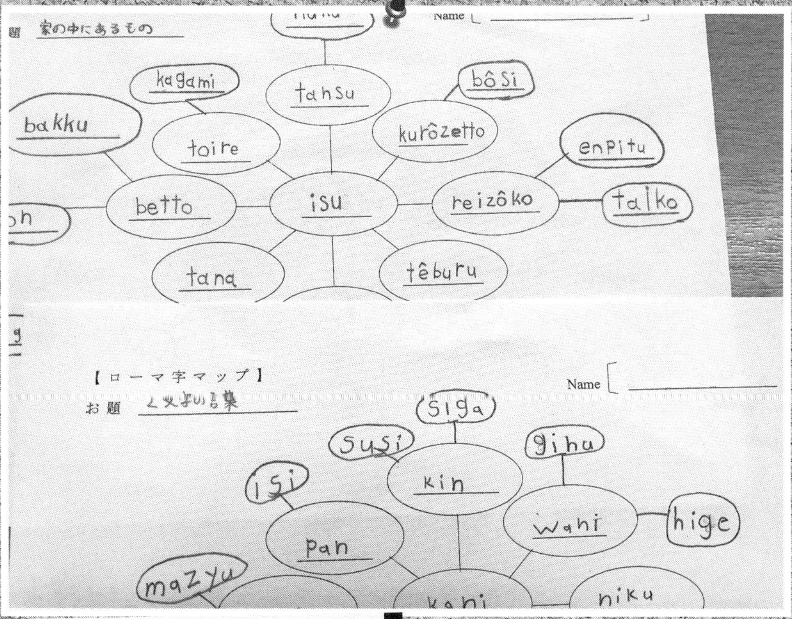

すきま時間に取り組んだ子どもの作品

その他

低 学年　中 学年　高 学年

ブラックボックスの中身を当てよう！

ねらい

複数のヒントとなる情報を基に，答えを検討できるようにする。

活動の概要

これは，複数の情報を関係づけて答えを検討する力が身につく活動です。

右ページの写真のように，ブラックボックスは，回答者以外の子どもには見える形状にしておきます。回答者となる子どもは，中身を触りながら，どのようなものが入っているのかを推測します。その際に，回答者以外の子どもたちに，２回までヒントを求めることができます。教師は，学級の実態に応じて，「どんな色ですか？」「どんな形ですか？」「どういうときに使いますか？」「○○と○○，どちらですか？」など，ヒントを求めるときの質問の例をあらかじめ示しておくとよいでしょう。

例　「食べ物ですか？」「はい，食べ物です」
　　「人間とペットの食べ物，どちらですか？」「ペットの食べ物です」
　　「中身は…，○○です！」「正解！」

ヒントを出す子どもを同じチームの子に限定し，チーム対抗戦を行うこともできます。

（藤原　隆博）

ポイント！

●１回目と２回目のヒントを関係づけさせるべし！

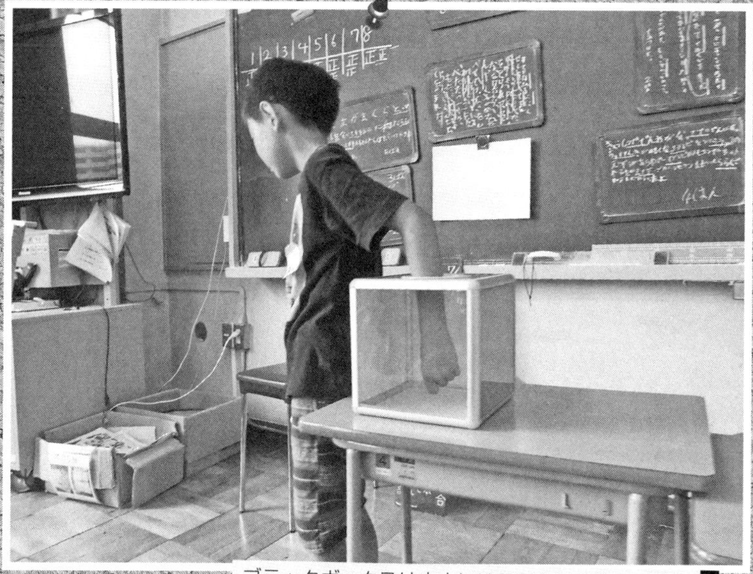

ブラックボックスは本人には見えない形状にします

ヒントを出したくてたくさんの手があがります

低学年 中学年 高学年

○×プレートで意見を出そう！

ねらい

○×のプレートを使って自分の意見を出しながら，学級全員がわかるために必要なことを学ばせる。

活動の概要

新学期の国語の授業。発表できない子も多くいますが，表と裏に○×がかいてあるプレートを使うと，自分の意見を発表しやすくなります。

まず，先生の年齢など，子どもの興味を引く問題を二者択一の形で出し，「必ず○か×どちらかのプレートを出す」「はっきりわかるように，プレートはまっすぐ高くあげる」の２点をルールとして約束します。

次に，教科書に載っている詩などの一部を空欄にした文章を提示し，空欄の言葉がわかった人は○，わからない人は×のプレートをあげさせます。

ヒントを出しながら○の子を増やしていき，最後に教師から，

「全員が○をあげられるようにしたいですね。どうすればいいですか？」

と投げかけます。すると，子どもから「○の人の答えや理由を聞く」「相談する」などの声が返ってきます。ここで，みんながわかるためには，「一人ひとりが意見を出す」「話し合ったり，教え合ったりする」の２点が必要であることを確認し，これからの授業で大切にしていくように話します。

（伊東　恭一）

ポイント！

- 「○×プレート」で楽しく意見を出させるべし！

○×プレートで楽しい雰囲気になり，意見が出しやすくなります

□
どんと　なった。
□だ、
きれい　だな。
空いっぱいに
ひろがった、
しだれやなぎが
ひろがった。

文部省唱歌

学年や子どもの実態に応じて，興味や関心を高められる問題を提示します

その他

低学年　中学年　高学年

画像や映像を見て，作品への関心を深めよう！

ねらい

文章の内容や著者に関連する画像・映像を提示することで，学習に対する子どもの興味・関心を高めたり，理解を深めたりする。

活動の概要

物語文の学習では，作者の他の作品を並行読書し，学びを広げたり深めたりする学習をすることがあります。その導入場面で，作者や作品と関連する画像や映像を電子黒板などに写して見せると，子どもの学習への興味・関心を高めることができます。例えば，宮沢賢治や新美南吉など，有名な作家の記念館や功績がわかる資料などを見せ，「どうして人気があるのか，その秘密を探ろう」という課題を設定すれば，子どもは作品の魅力を意識しながら学習を進めるようになります。

説明文の学習では，説明されている事柄に関する画像や，関連資料がインターネット上や他の著書などにある場合があります。中には，文章の内容や要旨について言及している映像まであります。それらを文章の内容の確かめや学習のまとめで視覚的に提示すると，子どもの理解がさらに深まります。

短時間でよいので，目的に応じて関連する画像や映像を提示することで，子どもの学習意欲を向上させたり，学びを深めさせたりすることができます。

（伊東　恭一）

ポイント！

●画像や映像を見せる目的や効果を考えて活用するべし！

作品に関連する画像や映像を提示して，子どもの興味・関心を高めます

目的や効果を吟味し，短時間で活用することがポイントです

低学年 中学年 高学年

「今日の一言」で 言葉や表現の幅を広げよう！

ねらい

日替わりで今日の一言を紹介することで，自分の表現に生かしたり，読書につなげたり，身近な言語表現に目をとめたりできるようにする。

活動の概要

子どもたちの読む本や見るテレビ番組はみんなバラバラで，高学年ともなると，どんどん多様化していきます。それに伴って，語彙や微妙なニュアンスの違いへの感度なども違ってくるので，そのギャップを少しでも埋めるための，言葉や表現を紹介する活動です。

朝の会や国語の授業のはじめなどに，担任が「『今日の一言』紹介！」と，テレビ，新聞，本，漫画，インターネットなどから見つけた「今日の一言」を紹介します。その言葉の裏に込められた想いなど，背景も同時に語ることができれば，ビビッとくる子どもがいるはずです。

「この言い回し，かっこいいよね。お手紙などで使ってみたいね」「見方を変えるとこういう表現になるんだね。なるほどね」と，日常生活で使っていけるような意識づけ，意欲喚起も行っていきます。行事や参観日に合わせて「今日の一言」を紹介していけば，学級内の気持ちをそろえ，高めていくことができます。

（佐藤　拓）

ポイント！

●幅広く，古今東西の「一言」を集めるべし！

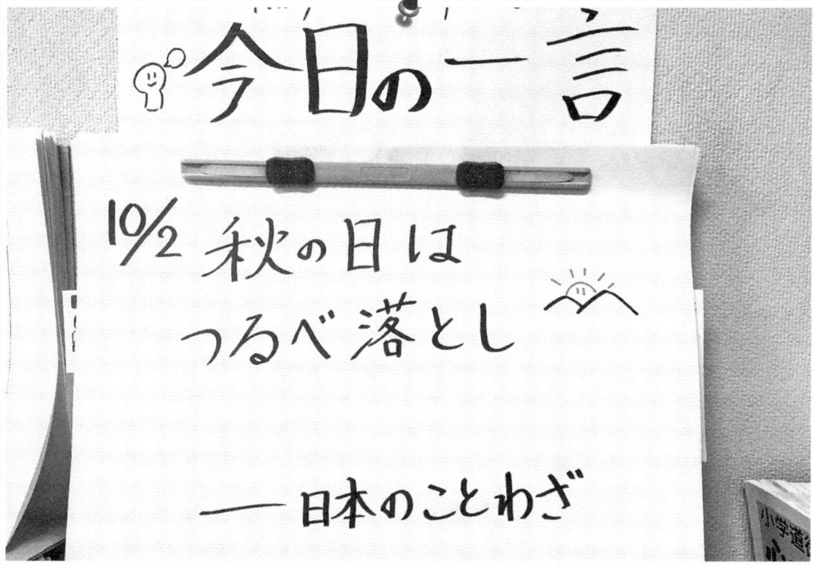

紙のフラットファイルを使って掲示します

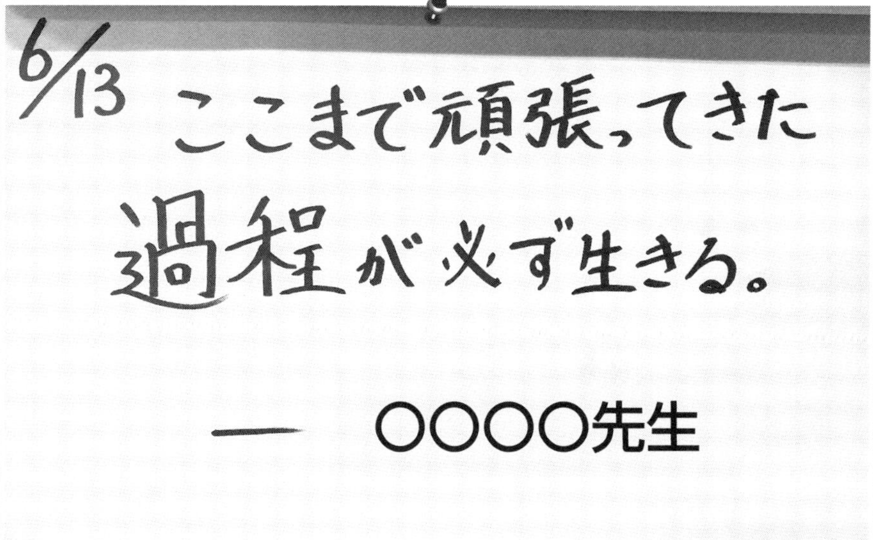

運動会直前にある先生が言った一言を紹介し，行事への気持ちを高めます

その他

低学年 中学年 高学年

音読をしてクイズをつくろう！

ねらい

物語文や説明文に書かれている内容を注意深く，そして，楽しんで読むことができるようにする。

活動の概要

音読の宿題を出すとき，次の日に，みんなでクイズをすることを知らせ，１つか２つ問題をつくってくるよう伝えます。例えば，

「豆太は夜になるとなんと言うでしょう？」

のように，音読の範囲から考えさせます。

次の日，まずはグループ（３～５人。低学年はペアから）で「今日の１問」を検討します。それぞれがつくってきた問題を生かして新しい問題をつくる，問題と問題をくっつける，だれか１人の問題を選ぶ…など，使える時間に応じて検討の仕方を決めるとよいでしょう。

次に，各グループから学級全体に問題を出します。ちょっと難しい問題が出たときは，その答えの理由も話してもらうとよいでしょう。

問題については，物語文の場合は「いつ」「どこで」「だれが」「何を」「どうして」などを，説明文の場合は，時間や事柄の順序などを問うようにさせるとよいでしょう。

（藤井　大助）

ポイント！

●まずは簡単な問題を考えることから始めさせるべし！

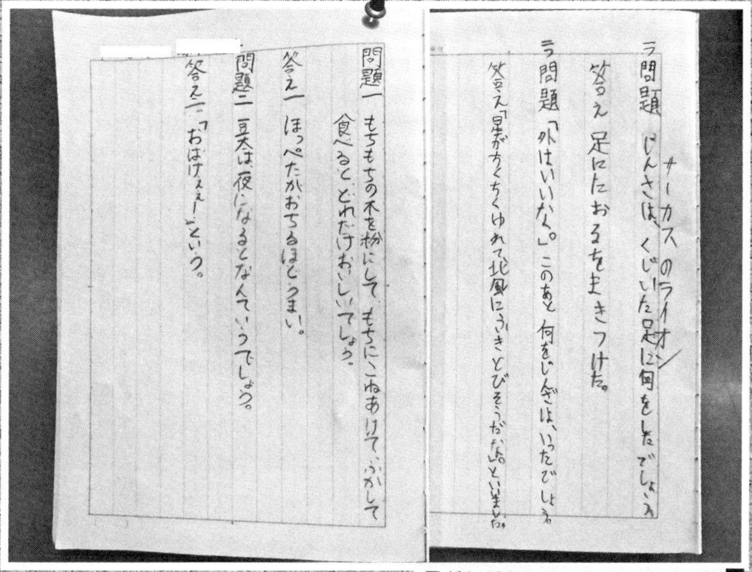

子どもが考えてきたクイズの問題

グループで出題する問題を検討中

その他

低学年 中学年 高学年

美文字選手権でていねいに文字を書く意識を高めよう！

ねらい

ひらがな，漢字，アルファベットなど，字種を問わず美しい字形で文字を書く意識を高める。

活動の概要

５人ほどが前に出て，黒板に指定された文字（ひらがな，カタカナ，漢字，数字，アルファベットなど，発達段階や学級の実態に応じて字種を選択するようにします）をていねいに書きます。

あまり時間をかけないように，15～30秒程度で書き終えるように声をかけます。

他の子どもたちは，黒板に書かれた中から一番美しい文字だと思うものを１つ選びます（だれが書いた字なのかわからないようにするために，書いている最中は，他の子どもたちは伏せたり，後ろを向いたりして待たせるようにします）。

一番に選ばれた文字のどこがよかったのかを１～２分ほどで交流します。教師は右ページ下の写真のように，手本を示したりしながら，ポイントを簡単に説明します。

（佐藤　司）

ポイント！

●正しい字形のポイントを教師が簡単に説明するべし！

●時間をかけずに楽しく取り組み，美しい文字への意識を高めるべし！

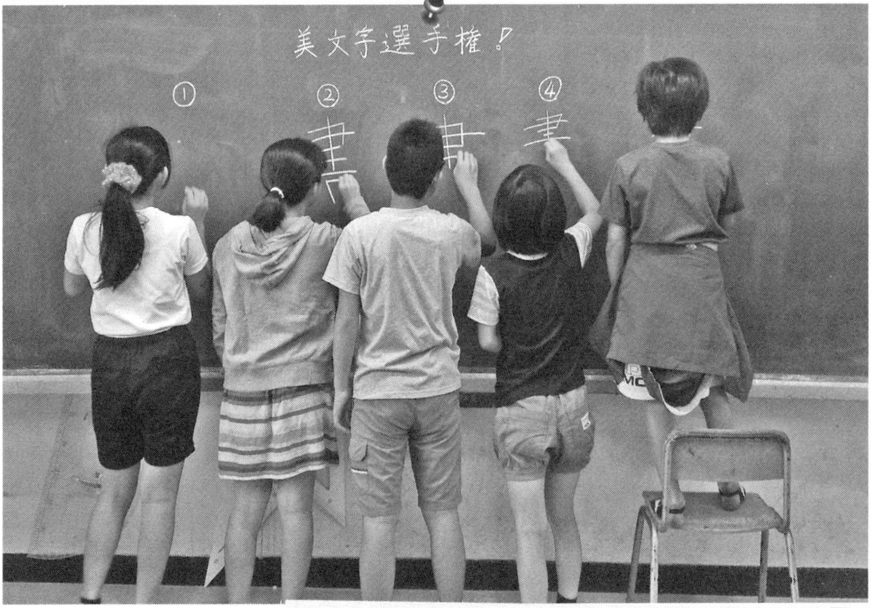

チャンピオンを目指し，ていねいにきれいに書いていきます

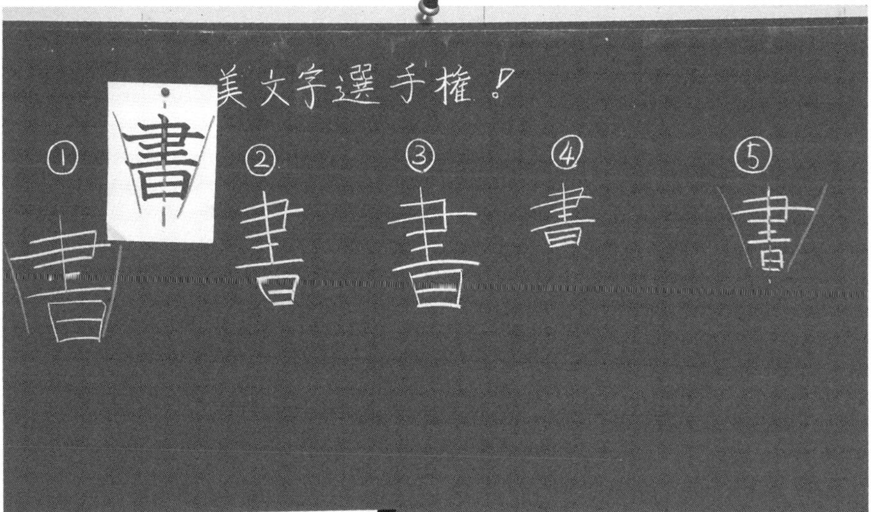

美文字のポイントを簡単に説明します

低学年　中学年　高学年

おいしい玉子焼きをつくるコツをメモしよう！

ねらい

子どもたちが「おもしろい」「メモしたい」と思える話をメモさせることにより，楽しみながら聞き取りメモの技能を高めていく。

活動の概要

日常の生活の中でもよく行われる，聞き取りメモ。しかし，子どもはなかなか主体的にメモを取るようにはなってくれません。そんな子どもたちに「メモを取りたい！」と思わせるような短い話をつくり，メモを取らせてみてはどうでしょうか。

「今日は『おいしいおいしい玉子焼きをつくるコツ』を紹介します」

こんな言葉で教師が用意した話を話し出します。

興味津々の顔でメモを取る子どもたち。その中で，身につけさせたいメモの技能を使っている子どもの姿を見いだし，全体に広げていきます。

家に帰ってつくり方を教えられるように，記号を使ったり，省略したりしながらメモする子。見出しや囲みを使い，後でわかりやすくメモする子。いろいろな技能を使いながらメモする姿が生まれるでしょう。そんな姿を共有していくことで，メモの技能を高めていきます。

（中尾　聡志）

ポイント！

●子どもの実態や教師の個性を考慮して，子どもたちが聞き取りたいと思える短い話をつくり出すべし！

おいしい玉子焼きをつくるコツ

今からおいしい玉子焼きをつくるコツを教えます。おうちでつくってお弁当に入れてみましょう。

まず，卵の選び方です。玉子の色は，白でも赤でも変わりません。サイズは卵黄の多いMがよいでしょう。

材料は，卵３個，だし汁おたま１杯半，しょうゆ小さじ１杯，塩２つまみ，砂糖大さじ１杯半が必要です。

次に，おいしく焼くための３つのコツを教えます。

１　まぜ方

ボールに入れた卵は切るように溶きます。混ぜ過ぎず，白身がどろどろと残るぐらいがちょうどよいです。

２　フライパンの温め方

フライパンは，箸についた卵がじゅわっと音がするくらいまで熱します。素人は弱火でしますが，達人は強火で焼きます。

３　焼き方

玉子を３回に分けて入れるのがコツです。

１回目は，おたま１杯分の卵を流し込みます。大きな泡だけつぶしながら待ち，手前に三つ折りにたたみます。卵を奥に寄せ，開いた部分に油を引きます。

２回目は，おたま２杯分の卵を流し込み，同じようにたたみます。

３回目は，残った卵をすべて流し込み，たたんだ後に形を整えます。

表面がドロドロになったらたたむのがコツです。表面が乾いてからクルクル巻くのでは遅いです。

これであなたも玉子焼き名人です！

食べ物のつくり方のコツ以外に，スポーツの試合の進め方などもおすすめのテーマです

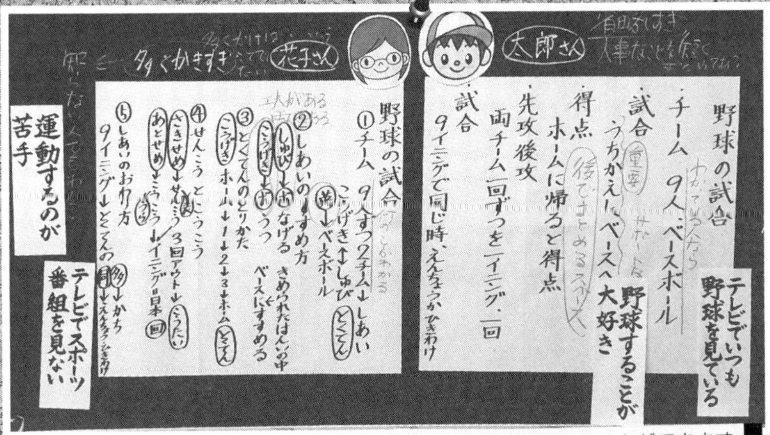

子どものメモの内容を比較すると，大事なメモの技能を押さえることができます

その他

低学年　中学年　高学年

毎日ささっと読み合おう！

ねらい

継続的に短時間で仲間が書いた文章を読み合うことを通して，学級全体の文章力を高めたり，文章を評価する視点を育てる。

活動の概要

子どもたちが書いた文章を互いに読み合うには，順番に回覧する，掲示する，などの方法がありますが，一番早くて確実なのは，１枚のプリントにまとめ，印刷する方法です。

例えば，子どもたちの日記の中で，ぜひ紹介したいものを選んで印刷，配付します。ささっと読み上げるだけであれば，５分で十分なので，毎日でも無理なく継続できます（準備も，並べてコピーをとった後，人数分印刷するのに５分はかかりません）。

紹介することで，何をどのように書くとよいのか学び合うことができます。また，発言では活躍できない子を，その日のヒーローにしてあげることもできます。

紹介の後，「この文章のよいところはどこでしょう？」と訪ねることで，よいところを評価する視点を育てることもできます。

（山本　真司）

ポイント！

● ８枚を１枚にまとめる８in１など，コピー機の機能を有効活用し，準備の手間を省くべし！

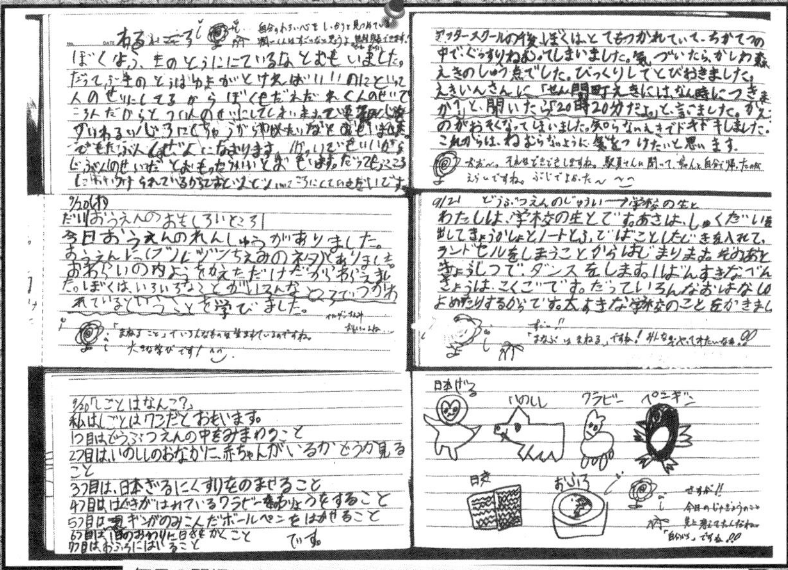

毎日の習慣にしてしまえば，日々着実に，書く力，読む力が育ちます

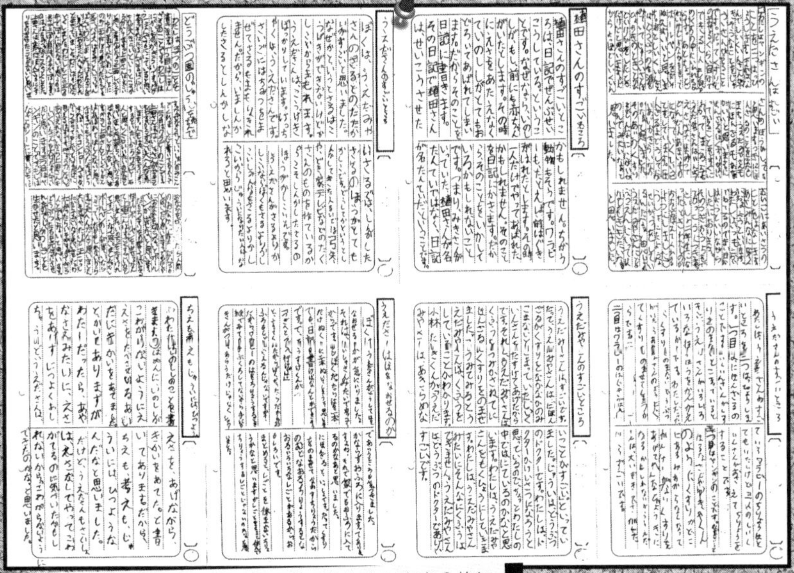

コピー機の８in１機能を使えば，32人分も裏表２枚に

【執筆者一覧】

二瓶　弘行（筑波大学附属小学校）

相澤　勇弥（新潟県長岡市立宮内小学校）
伊東　恭一（福島県白河市立みさか小学校）
井上　幸信（新潟市立万代長嶺小学校）
大江　雅之（青森県八戸市立町畑小学校）
笠原　冬星（大阪教育大学附属平野小学校）
菊地　南央（福島県二本松市立新殿小学校）
小竹　浩昭（大阪府豊中市立寺内小学校）
小林　康宏（長野県佐久市立岩村田小学校）
佐藤　　拓（北海道網走市立中央小学校）
佐藤　　司（大阪府豊中市立寺内小学校）
宍戸　寛昌（立命館小学校）
谷内　卓生（新潟県糸魚川市立青海小学校）
中尾　聡志（熊本大学教育学部附属小学校）
長屋　樹廣（北海道教育大学附属釧路小学校）
比江嶋　哲（宮崎県都城市立五十市小学校）
広山　隆行（島根県松江市立大庭小学校）
藤井　大助（香川県高松市立古高松小学校）
藤原　隆博（東京都江戸川区立船堀第二小学校）
弥延　浩史（青森県藤崎町立藤崎小学校）
山本　真司（南山大学附属小学校）
吉羽　顕人（東京都港区立芝小学校）
渡部　雅憲（福島県須賀川市立長沼小学校）

【編著者紹介】

二瓶　弘行（にへい　ひろゆき）

筑波大学附属小学校教諭
筑波大学非常勤講師
全国国語授業研究会理事，東京書籍小学校国語教科書『新しい国語』編集委員
著書に，『“夢”の国語教室創造記』（東洋館出版社，2006年），『二瓶弘行の「物語授業づくり一日講座」』（文溪堂，2011年），『子どもがどんどんやる気になる　国語教室づくりの極意　学級づくり編』（東洋館出版社，2015年），『子どもがいきいき動き出す！　小学校国語　言語活動アイデア事典』（明治図書，2015年），『どの子も鉛筆が止まらない！　小学校国語　書く活動アイデア事典』（明治図書，2016年），『今日から使える！小学校国語　授業づくりの技事典』（明治図書，2017年），『すぐに使える！　小学校国語　授業のネタ大事典』（明治図書，2017年）他多数

【著者紹介】

国語“夢”塾（こくご“ゆめ”じゅく）

５分でできる！
小学校国語　ミニ言語活動アイデア事典

2018年２月初版第１刷刊　©編著者　二　瓶　弘　行
2021年７月初版第３刷刊　発行者　藤　原　光　政
発行所　明治図書出版株式会社
http://www.meijitosho.co.jp
（企画）矢口郁雄（校正）大内奈々子
〒114-0023　東京都北区滝野川7-46-1
振替00160-5-151318　電話03（5907）6701
ご注文窓口　電話03（5907）6668

＊検印省略　組版所　藤　原　印　刷　株　式　会　社

Printed in Japan　ISBN978-4-18-158010-0